KB212198

시천교조유적도지
侍天教祖遺蹟圖志

그림으로 읽는 또 다른 동학사

시천교조유적도지

侍天敎祖遺蹟圖志

그림으로 읽는 또 다른 동학사

최종성 박병훈 역주

도서 모시는사람들

머리말

어느 위대한 종교학자의 공부법을 좇아, 사실의 층위 위에서(on fact) 종교사를 조망하고자 하나 사실의 늪에서(in fact) 충분히 질척이지 못했다는 자책이 여전한 탓에 그 목표가 자꾸 뒤로 밀리고 –사실, 뒤로 미룬다고 해서 될 일도 아니지만– 만다. 동학사의 이해에서 특히 그러하다. 사실에 대한 미련과 부담을 느끼는 연구자의 소심함과 아둔함이 근본적인 문제겠지만 평가와 해석을 기다리는 사실이 도외시되었던 저간의 사정도 한몫하고 있다.

경신년(1860)의 영적 각성을 기반으로 똘똘 뭉쳤다가 불꽃같은 갑오년(1894)의 전쟁을 겪은 뒤 새로운 근대적 환경에 직면하며 갈가리 흩어져야 했던 슬픈 역사를 안고 있는 것이 우리가 알고 있는 초기 동학의 흐름이다. 산중으로 쫓기는 와중에도 영적 지도자의 카리스마로 지탱되던 응집력이 점차 분산되면서 '영성–전쟁–근대성'으로 점철되는 초기 동학의 경험에 대한 이해와 기억도 갈릴 수밖에 없었다. 진로상의 갈림도 어쩔 수 없고 견해상의 차이도 당연하달 수 있지만 온전한 동학의 가족사를 구성하기 위해서는 뿔뿔이 헤어졌던 후예들의 면면을 하나라도 홀대하거나 배제하지 않은 채 거둬 모으는 일이

무엇보다 시급하다.

　우리가 다루고자 하는 『시천교조유적도지(侍天敎祖遺蹟圖志)』는 일반에게는 물론 학계에조차도 가려져 있던 초기 동학서 중 하나이다. 이는 책이름 그대로 시천교 계열의 한 교단에서 펴낸, 동학 교조들의 자취를 그림과 문자로 설명한 도설서(圖說書)이다. 『석씨원류(釋氏源流)』니 『공자성적도(孔子聖蹟圖)』니 『관성제군성적도지(關聖帝君聖蹟圖誌)』니 하는 것처럼, 교조의 행적과 일대기를 주제별로 정리하고 이를 도해로써 쉽게 설명하려는 시도가 유불도에만 국한된 것은 아니었다. 동학 역시 대중을 일깨우기 위한 교화서가 불가피했고, 더구나 수운(水雲, 1824~1864)과 해월(海月, 1827~1898)을 겪어 보지 못한 일반 동학도들이 대다수를 차지하는 상황에서 교조의 종교 인생을 소개하는 도설서는 그 무엇보다 긴요했을 것이다. 이런 배경 하에서 근대 인쇄술의 뒷받침을 받아 『시천교조유적도지』가 출간된 것이다. 그러나 친일의 굴레에서 자유로울 수 없었던 시천교 계열 비주류 교단이 감내해야 했던 역사적 숙명과도 같이 이 책은 존재감을 잃은 채 긴 잠에서 깨어나지 못했다.

　주지하다시피 동학 2대 교주인 해월에게는 '3암', 즉 구암(龜菴), 송

---

* 본 도서의 목차서명과 판심제는 '侍天敎組遺蹟圖誌'로 되어 있으나 표제와 판권지 제목으로 표기된 '侍天敎組遺蹟圖志'를 공식 도서명으로 삼았다.

암(松菴), 의암(義菴)의 대표적인 세 명의 제자가 있었다. 송암 손천민
(1857~1900)이 처형된 뒤 일본으로 망명했던 의암 손병희(1861~1922)가
1906년 귀국하여 구암 김연국(1857~1944)과 손잡고 천도교를 창건하
면서 동학은 본격적인 종교 조직으로 발돋움하였다. 그러나 한때 의
암의 측근으로서 고락을 함께했지만, 끝내 천도교로부터 출교를 당
한 일진회장 이용구(1868~1912)가 그해 시천교를 창립하고 대례사(大
禮師) 직에 앉음으로써 동학의 분립이 본격화되었다. 설상가상으로
천도교 대도주를 역임하던 구암 김연국이 1907년 손병희와 불화를
거듭하다 결별한 뒤 자신의 손으로 출교시켰던 이용구의 시천교로
들어가 최고 교직인 대례사가 되는 얄궂은 운명의 반전을 겪으면서
동학 진영은 더욱 혼돈의 소용돌이에 빠져들 수밖에 없었다.

　문제는 거기에서 그치지 않았다. 병세 악화로 일본 고베 지역 스마
(須磨)로 건너가 요양하던 이용구가 1912년 5월 45세의 나이로 세상
을 떠나자, 잠재되어 있던 시천교 내부의 알력이 고개를 쳐들기 시작
하였다. 결국 1913년에 이르러 송병준이 이끄는 시천교본부(견지동의
송파시천교)와 김연국을 따르는 시천교총부(가회동의 김파시천교)가 서
로 다른 길을 걸으며 경쟁을 벌이는 상황에 놓이게 되었다. 서로 경
쟁 관계에 있던 시천교 계열의 두 교단은 1915년 5개월 상간으로 초
기동학의 역사를 다룬 도설서를 앞다투어 내놓게 되는데, 이번에 소
개하는 『시천교조유적도지(侍天敎祖遺蹟圖志)』(시천교본부, 1915년 2월)

가 그 하나이고, 그 맞수격인 『회상영적실기(繪像靈蹟實記)』(시천교총부, 1915년 7월)가 또 다른 하나이다.

『시천교조유적도지』 자체의 구성과 내용을 살피기에 앞서 『회상영적실기』와의 비교 차원의 이해가 필요할 것으로 보인다. 첫째, 두 책 모두 초기 동학의 주요 사건을 다루고 있지만 도설의 선택 기준과 관점이 달랐다고 할 수 있다. 『시천교조유적도지』는 이름 그대로 교조들이 남긴 역사적 사건이나 활동, 그리고 용담 옛터, 경성교당, 대원교당 등의 물질적 유적을 통해 연대기를 구성하는 데에 주안점을 두었다면, 『회상영적실기』는 교조들이 겪은 특별하고도 신이한 징험들을 통해 스승들의 영적 권위를 제고시키고자 하였다. 그야말로 유적과 영적의 차이를 보이고 있다고 할 수 있다. 따라서 『회상영적실기』와는 달리, 『시천교조유적도지』는 비범한 서사를 다루면서도 그와 거리가 있는 교조의 진영(濟世主眞像, 海月大神師眞像, 海山大禮師眞像, 濟庵大主教眞像), 복식 및 의례의 제도화(法冠法服圖, 設法祭式圖), 교당 및 종교적 사건(京城教堂圖, 大源教堂圖, 兩教分門圖, 兩師伸寃紀念禮式圖), 기타 사업활동(甲辰訂交圖, 一進開會圖, 北隊轉輪圖, 農業會社圖, 光武學校圖) 등을 폭넓게 싣고 있는 점이 특징이다.

둘째, 두 책이 다루고 있는 도설의 대상 범위도 크게 다르다고 할 수 있다. 『회상영적실기』는 총 51개의 도설을 다루고 있는데, 철저하게 영적 스승인 수운(1도~24도)과 해월(25도~51도)에만 내용을 국한시

키고 있다. 반면 『시천교조유적도지』는 수운(1도~25도)과 해월(26도
~54도) 이외에도 해산 이용구(55도~69도)와 제암 송병준(70도)에 관한
도설을 추가하여 총 70개의 도설로 구성하고 있다. 즉, 수운과 해월
중심의 19세기 동학과 더불어 20세기 제도종교 시대의 역사도 도설
에 덧붙여 놓은 것이다. 『회상영적실기』가 구암 김연국의 서사를 배
제한 채 오로지 신앙적인 모델로서 스승들의 과거 이적에 주목하였
다면, 『시천교조유적도지』는 과거의 종교적 유산을 이어받은 후예들
의 역사적 정통성을 부각시키려는 의도로 이용구와 송병준을 추가하
였다고 할 수 있다. 사실, 과거 해월과의 친연적 관계로 치자면 당대
에 시천교총부의 구암 김연국이 단연 압권이었을 테고, 그러한 도통
적 연원에 취약했던 시천교본부 입장에서는 이용구와 송병준의 행적
을 교조들의 유적에 병행시키는 것이 여러 모로 효과적이었을 것이
라 짐작된다.

셋째, 두 책은 책의 구성 형식에서도 차이를 보인다. 『시천교조유
적도지』는 도설 전체의 목차를 제시한 뒤 곧바로 70개의 도설을 차례
대로 설명하며 끝을 맺고 있을 뿐 서문이나 발문을 싣고 있지 않다.
따라서 어떤 취지와 배경에서 책을 발간하게 되었는지를 쉬이 파악
하기 어려운 실정이다. 반면, 『회상영적실기』는 51개의 도설을 전개
하기에 앞서 당시 시천교총부를 이끌던 지도부 6명의 서문을 제시하
면서 발간 배경과 맥락, 그리고 책의 취지와 가치 등을 역설하고 있어

참고할 만하다. 당시 『회상영적실기』의 서문을 작성한 이는 교주인 구암(龜菴) 김연국(金演局)을 비롯해, 그를 따랐던 성도사(誠道師) 용암(龍菴) 김낙철(金洛喆), 경도사(敬道師) 인암(仁菴) 최유현(崔琉鉉), 경도사(敬道師) 청암(淸菴) 곽기룡(郭騎龍), 신도사(信道師) 연암(淵菴) 김낙봉(金洛鳳), 신도사(信道師) 신암(愼菴) 원용일(元容馹) 등이다.

넷째, 두 책은 각 도설의 내용 구성에서도 차이가 난다. 『시천교조유적도지』는 그림 이미지의 묘사가 정밀한 것에 비해 설명 내용이 다소 간략한 편이다. 반면 『회상영적실기』는 도상이 다소 거칠지만 설명 내용이 상대적으로 긴 편이다. 도설의 문헌만을 고려하자면 『시천교조유적도지』는 한문 문장으로만 간략하게 내용을 소개하고 있는 데 비해, 『회상영적실기』는 한문으로 주제문과 찬문(贊文)을 작성하고, 연이어 국문의 번역(찬문 번역은 제외)을 싣고 있다. 이러한 상호 간의 차이에도 불구하고 두 책 모두 주제와 관련된 장면과 내용을 선택적으로 묘사할 수밖에 없는 지면상의 한계를 지니고 있다. 따라서 도설의 맥락을 충분히 짐작할 수 있는 원천으로서의 역사서를 고려할 필요가 있다. 『시천교조유적도지』의 경우에는 동일교단에서 같은 시기에 출간한 『시천교종역사(侍天教宗繹史)』(시천교본부, 1915)를, 『회상영적실기』의 경우에는 『시천교역사(侍天教歷史)』(시천교총부, 1920)를 각각 배경에 두고 전체를 조망하는 것이 바람직하다고 본다.

다섯째, 두 책 모두 교조의 주요 일대기를 다루고 있으나 사건의 시점을 알리는 왕력과 연호를 사용하는 데에 있어 차이를 보이고 있다. 『시천교조유적도지』는 기본적으로 간지를 사용하면서도 결정적일 때에는 일본 천황의 치세 및 해당 연호를 주저 없이 밝히고 있는 반면, 『회상영적실기』는 간지를 기본적으로 사용하면서도 필요한 경우 조선의 왕력을 제시하였다. 가령, 수운 최제우의 출생년(1824)과 관련해서 『시천교조유적도지』는 '닌코천황(仁孝天皇) 분세이 7년(文政七年) 갑신(甲申) 10월 28일'이라고 한 반면, 『회상영적실기』는 '순조 24년 갑신 10월 28일'이라고 밝히고 있다. 일본을 오가며 일본과 두터운 관계를 유지했던 이용구와 송병준을 잇는 시천교본부의 일본 친화적인 입장이 그대로 반영된 것이라 할 수 있다.

이러한 차별점을 고려하면서 『시천교조유적도지』의 도설 내용을 간략하게 살펴보기로 하겠다. 연활자본으로 발간된 『시천교조유적도지』의 저작 겸 발행인은 박정동(朴晶東)으로 되어 있으며, 발행처는 송병준이 이끄는 시천교본부였다. 본서가 발간된 1915년 2월을 전후해 시천교본부에서는 교단 소속 월간지의 '특고(特告)'라는 지면을 통해, 『시천교조유적도지』를 비롯한 교당 발간 서적을 교인 가가호호마다 구입하고, 이를 늘 끼고 다니며 암송할 것을 당부하였다(『至氣수至』 21호). 본서의 발간에 맞춰 소장과 암송을 당부하는 특별 광고를 띄울 정도로, 교단에서는 『시천교조유적도지』가 담고 있는 교조의 유적과 전승을 전 교인들에게 유포시키고자 했다. 본서에 실린 70개의 도설들은 '수운-해월-해산-제암'으로 이어지는 시천교본부의 도통론을 근간으로 해서 연대기적으로 구성되어 있다. 이는 해월 생전에 두터운 사제관계를 형성했다고 인정받던 당대의 의암 손병희의 천도교(수운-해월-의암)나 구암 김연국의 시천교총부(수운-해월-구암)의 계보에 비해 상대적으로 취약했던 종교적 정통성을 차별화하려는 의도에서 비롯된 것이리라 짐작된다.

먼저, 수운과 관련된 내용은 1도부터 25도에 이르는 도설로서, 제세주진상(濟世主眞像), 태양입회도(太陽入懷圖), 구악진명도(龜岳震鳴圖), 자기요옥도(紫氣繞屋圖), 울산복거도(蔚山卜居圖), 신승기우도(神僧奇遇圖), 천성도천도(千聖禱天圖), 전구회소도(癲嫗回甦圖), 접령강화도(接靈降話圖), 제수영부도(帝授靈符圖), 청수헌성도(淸水獻誠圖), 은적암영계도(隱寂菴靈乩圖), 거천긍룡도(巨川亘龍圖), 북천채홍도(北川彩虹圖), 천녀청강도(天女聽講圖), 필묘입신도(筆妙入神圖), 사편음시도(賜匾吟詩圖), 검악전심도(劍岳傳心圖), 태양착고도(太陽着股圖), 마제교지도(馬蹄膠地圖), 영해진동도(營廨震動圖), 조난귀천도(遭難歸天圖), 쌍홍긍연도(雙虹亘淵圖), 교곡구롱도(橋谷舊壠圖), 성묘양의도(聖墓襄儀圖) 등이 이에 속한다. 초상으로부터 시작해 묘지의 도설로 마무리하기까지 교조 수운의 출생, 이주, 기도, 수련, 득도, 포덕, 피신, 피체, 순도, 장례 등의 종교적 인생을 망라하고 있다. 다만, 제1도에 나와 있듯이 수운을 스승이 아닌 '제세주(濟世主)'라는 호칭으로 공식화하고, 본문에서도 '사(師)'가 아닌 '주(主)'로 표기하고 있는 것은 시천교 계열에서 공유하고 있는 전통이라 할 수 있다. 천도교에서는 수운을 큰 스승이라는 의미로 '대신사(大神師)'로 칭하고 있지만 시천교에서는 1906년부터 수운을 제세 주로 추숭한 바 있다.

두 번째로 해월과 관련된 도설은 26도로부터 54도에 이르며, 해월대신사진상(海月大神師眞像), 대신사구의도(大神師摳衣圖), 빙천야욕도(氷泉夜浴圖), 마조곤박도(麻條綑縛圖), 필적거절도(弼賊拒絶圖), 대호래호도(大虎來護圖), 밀원현몽도(密院現夢圖), 태백강도도(太白講道圖), 팔봉래의도(八鳳來儀圖), 도솔복거도(兜率卜居圖), 법관법복도(法冠法服圖), 설법제식도(設法祭式圖), 선동인로도(仙童引路圖), 거석현성도(巨石顯聖圖), 천문개탁도(天門開坼圖), 갈산연도도(葛山硏道圖), 몽수계란도(夢受鷄卵圖), 진소규원도(陳疏叫冤圖), 장내회집도(帳內會集圖), 봉칙배사도(奉勅拜謝圖), 남접효유도(南接曉諭圖), 청산회집도(青山會集圖), 산로피화도(山路避禍圖), 부계전발도(扶乩傳鉢圖), 거언면화도(巨彦免禍圖), 일조광선도(一條光線圖), 독좌정사도(獨坐靜俟圖), 대신사순도도(大神師殉道圖), 천덕성묘도(天德聖墓圖) 등이 여기에 해당한다. 수운의 경우와 마찬가지로 해월의 초상으로부터 시작해 묘지의 도설로 내용이 마무리되고 있다. 대개 태어남으로부터 시작해 입도, 전발, 수련, 피신, 작변, 수련, 영적 체험, 교단 재건, 교조신원, 동학혁명, 피체, 순도, 장례 등을 폭넓게 다루고 있다. 시천교 계열에서는 해월을 '대신사(大神師)'로 공식화하고 있는데, 이는 천도교에서 사용하는 '신사'에 비해 한층 격상된 호칭이라 할 수 있다.

세 번째로 해산 이용구와 관련된 도설은 55도로부터 69도에 이르며, 해산대례사진상(海山大禮師眞像), 낙강감리도(洛江感鯉圖), 갑진정교도(甲辰訂交圖), 일진개회도(一進開會圖), 북대전수도(北隊轉輸圖), 농업회사도(農業會社圖), 광무학교도(光武學校圖), 양교분문도(兩敎分門圖), 양사신원기념예식도(兩師伸寃紀念禮式圖), 서보장지수도(瑞寶章祗受圖), 가정발상도(柯停發祥圖), 용담유허도(龍潭遺墟圖), 경성교당도(京城敎堂圖), 대원교당도(大源敎堂圖), 쌍홍정서도(雙虹呈瑞圖) 등으로 구성되어 있다. 도설은 이용구의 초상으로 시작하고 있으나 장례 및 무덤과 관련된 도설은 생략되고 있다. 주로 동학 조직의 친일적 행보, 사회 및 교육활동, 교단의 분열, 교조의 신원, 훈장 및 서훈의 제수, 용담의 재건 및 교당의 신축 등 20세기 초반의 활동과 행적으로 도설이 구성되어 있다. 사실, 친일 정객이니 매국노니 하며 드세게 비판하는 것에 비해 이용구를 다룬 독립적인 평전이나 해설서가 국내에는 일천한 편이다. 어쩔 수 없이 이용구가 세상을 떠나기 이태 전에 태어난 아들 이석규(李碩奎, 일명 大東國男)가 훗날 썼던 『李容九の生涯』(時事新書, 1960)와 니시오 요타로(西尾陽太郎)가 저술한 『李容九小伝』(葦書房, 1978)을 참조할 수밖에 없다. 이용구는 1890년경 20대 초반의 나이로 동학에 입도한 이래 손병희 휘하에서 동학군에도 가담하고 이후 그의 일본 망명에도 동행하는 등 의암과 종교적 동반관계에 있었으나, 1904년 일진회 활동을 기점으로 정치적 행보는 물론 종교적 행로를 달리하며 시천교를 세우기에 이른다. 1906년 시천교를 창립하고 대례사(大禮師)에 취임하긴 했으나 이듬해 천도교로부터 이탈한 구암 김연국을 시천교의 대례사로 영입하면서 실제적인 교단의 운영에서 거리를 두었고, 한일 합병 이후 일진회가 해산된 뒤로는 자신의 활동 기반마저 잃은 채 병고에 시달려야 했고, 결국 1912년 45세의 나이로, 요양 중이던 일본 스마에서 허망하게 세상을 떠나고 말았다. 비록 민족진영으로부터 손가락질 받던 인물로 기억되긴 해도, 그는 그런 류의 여느 사람들처럼 부를 탐하거나 권세를 쫓는 데에 열중하기보다는 자신의 소신대로 종교(동학/시천교)와 정치(척왜/친일)의 격변을 온몸으로 지탱하다 끝내 짧고 굵은 생의 굴곡을 마감한 것이다.

네 번째로 제암 송병준에 관한 도설은 마지막 도설인 제70도 제암 대주교진상(濟庵大主教眞像)만으로 구성되어 있다. 주지하다시피 송병준(1858~1925)은 무과 출신으로서 친일 내각에 오르며 백작의 작위를 받은 친일파를 대표하는 인물이다. 그는 1904년 이용구가 이끄는 동학 조직인 진보회와 일진회를 합쳐 전국적인 규모의 통합일진회를 결성하고, 일진회장인 이용구로 하여금 일본의 한반도 진출과 침략을 옹호하는 활동을 펴나가게 하는 데에 크게 일조하였다. 이용구보다 10년 연상으로서 시천교에도 가담하여 종리사(宗理師) 직을 맡았고, 이용구 사후 구암 김연국의 세력이 시천교총부로 이탈된 뒤에는 시천교본부의 대주교로 추대되었던 인물이다.

시천교본부는 경서, 역사서, 잡지 등을 발간하며 일제강점기 동안은 활발한 활동을 벌였으나 이후 종교세가 미미해지다가 종적을 감추고 말았다. 친일세력으로부터 이탈한 구암 김연국의 시천교총부가 서울 가회동에서 계룡산 신도안으로 이주해 종교촌을 꾸린 뒤 상제교(上帝敎)와 천진교(天眞敎)로 변신하며 우여곡절을 겪은 끝에 현재 충남 청양에 교세를 잔존시키고 있는 것에 비하면, 시천교본부의 후예들이 감내해야 할, 친일이라는 걷어낼 수 없는 과거의 더께가 무엇보다 컸으리라 짐작된다. 그들의 종교사도 잊혀졌고 그들 자신이 편찬했던 그들의 역사 기록도 잊혀졌다. 지금 시천교본부가 100여년 전에 내놓았던, 그간 어느 누구의 조명도 받지 못했던 『시천교조유적도지』를 펼쳐보며, 그림으로 또 다른 동학사를 읽어 보려 한다.

본 도설서의 도상 이미지는 한국은행이 서울대학교 규장각한국학연구원에 관리를 위탁한 『侍天敎組遺蹟圖誌』(한은 375)를 활용하였다. 각 도설마다 그림을 배치하고, 한문으로 된 원문과 함께 번역문을 제시하였다. 독자의 이해를 위해 원문 상에 필요한 주석을 덧붙이고, 도설의 배경과 맥락을 이해할 수 있도록 해제를 달았다. 아울러 도설 내용과 관련된 참고 문헌을 제공하는 차원에서 동시대에 발간된 『시천교종역사』에서 해당 내용을 발췌하여 수록하였다. 몇몇 도설의 경우, 도상과 관련된 현지사진이나 현존자료로써 이미지를 보완하고자 하였다.

본 역주 작업은 제자인 박병훈과 함께하는 바람에 손쉽게 끝맺을 수 있었다. 동학은 물론 신종교 현장에 수년간 동행하였고, 자료를 모으고 구축하는 데에도 남다른 애를 써준 덕에 목표를 세우고 거두는 일이 한결 수월할 수 있었다. 이번 작업에서도 원문을 입력하고 그것을 번역하고 또 필요한 주석을 제공하는 기초적인 일들이 그의 손에 의해 완성되었다. 그 덕에 도설의 해제를 작성하고 다듬는 일에 집중할 수 있었다. 본서 이외에도 아직 빛을 보지 못한 시천교 계열의 동학서가 산적해 있다. 잊혀지고 가려진 동학서의 발굴과 수집, 정리와 분석, 그리고 해석과 평가 등이 시급한 상황이다. 그만큼 그의 어깨가 무겁겠지만 그에게 거는 학문적 기대 또한 크다. 마지막으로 도서출판 모시는사람들의 박길수 대표께서 우리의 작업을 '동학 네오클래식' 시리즈에 흔쾌히 받아주셨기에 세상의 빛을 보게 되었다. 깊이 감사드린다.

2020년 12월
동짓달 어둔 밤이 잔눈발에 씻기는
관악의 연구실에서 최종성

시천교조유적도지

일러두기

1. 본서는 서울대학교 규장각한국학연구원의 한국은행 기탁도서『侍天敎組遺蹟圖誌』
   (한은 375)를 저본으로 하였다.
2. 원문의 표점은 쉼표(,) 마침표(.) 물음표(?) 큰 따옴표(" "), 작은따옴표(' '), 가운데점
   (·), 홑낫표(「 」) 등을 사용하였다.
3. 원문에 오자(誤字) 등이 있는 경우 교감(校勘)하였다.
4. 『侍天敎宗繹史』의 원문은 동학농민혁명 종합지식정보시스템(e-donghak.or.kr)에서
   표점, 교감하여 제공하는 원문을 이용하였다.
5. 본서에 사용한 주요 부호는 다음과 같다.
   " " : 대화나 인용
   ' ' : 강조나 " "안에서의 재인용
   ( ) : 번역문 및 해제문에서 한자의 병기나 보충설명 추가
        『侍天敎宗繹史』 원문상의 괄호표기 준용(遵用) 및 출전항목 표시
   [ ] : 번역문에서 본문주 번역이나 음이 다른 한자어 원문 표기
        원문과『侍天敎宗繹史』의 본문주
   『 』 : 서명(書名), 학술지명
   「 」 : 편명(篇名), 논문명, 기사명
   〈 〉 : 도상의 제목, 편명, 보충역(補充譯)
   【 】 : 『侍天敎宗繹史』에서 본문을 설명하는 주해(註解)
   … : 『侍天敎宗繹史』에서 내용 생략
   ■ : 원문(제목 및 본문)의 용어 풀이
   * : 원문의 교감주나 해제의 각주

1

제세주의 진영
濟世主眞像

제세주(수운 최제우)의 성은 최이고 휘는 제우이며, 별호[表德]는 성
묵이고, 호는 수운재이며, 경주 사람이다. 닌코천황(仁孝天皇) 분세이
(文政) 7년[전 조선개국 433년], 갑신년(1924) 10월 28일, 경주부 구미산
아래 가정리에 강생하였다. 하늘과 사람이 한 이치라는 것으로 무극
대도를 창시하고 의연히 제1교조가 되었다. 후인들이 제세주로 숭봉
하였다.

主姓崔氏, 諱濟愚, 表德性黙, 號水雲齋, 慶州人. 仁孝天皇文政七
年[前李朝開國四百三十三年], 甲申十月二十八日, 降生于慶州府龜尾山
下柯亭里. 以天人一理, 始刱无極大道, 毅然爲第一敎祖. 後人崇奉爲
濟世主.

해제 ——

1912년 5월 시천교(侍天敎)를 이끌던 이용구(李容九)가 사망하자 시
천교 세력 간 갈등이 표출되기 시작하였다. 결국 이듬해인 1913년에
시천교는 송병준(宋秉畯)이 주도하는 견지동의 시천교본부(송파 시천
교)와 김연국(金演局)이 이끄는 가회동의 시천교총부(김파 시천교)로 분

■ 主主: 제세주를 말함. ■ 표덕表德: 아호, 별호. ■ 닌코천황仁孝天皇: 일본의 제
120대 천황(1800~1846) ■ 분세이文政: 일본 연호. 1818~1829 ■ 의연毅然: 의지가
굳센 모양. ■ 제세주濟世主: 세상을 구제한 주인이라는 뜻으로, 시천교계열 종단
에서 수운을 일컫는 존칭.

립되고 말았다. 서로 경쟁관계에 있던 두 교단은 1915년 몇 개월 차이를 두고 초기 동학의 역사를 다룬 도설서(圖說書)를 앞 다투어 내놓는데, 시천교본부의『시천교조유적도지(侍天敎祖遺蹟圖志)』는 맞수격인 시천교총부의『회상영적실기(繪像靈蹟實記)』보다 5개월 앞선 1915년 2월에 출간되었다. 모두 70개의 그림과 도설을 소개하는 본서의 첫 장면이 〈제세주진상(濟世主眞像)〉이며, 이는 총 51개의 그림과 도설을 담고 있는『회상영적실기』제1도인 〈제세주강생도(濟世主降生圖)〉와 맥을 같이한다. 다만, 〈제세주강생도〉가 교조 수운(水雲) 최제우(崔濟愚)의 인적사항과 더불어 수운 탄생 당시의 상서로운 기운과 위용을 묘사하고 이미지화하는 데 주안점을 둔 것에 비해, 〈제세주진상〉은 수운의 진영을 그림으로 제시하고 간략한 인물 정보만을 기술하고 있다. 그것은『시천교조유적도지』가 수운이 잉태되고 탄생하는 사건의 신이담을 별도 장면으로 독립시켰기 때문이다.

제목의 '제세주(濟世主)'는 시천교 계열에서 수운 최제우를 추숭해서 일컬었던 존칭으로서, 1906년 수운 탄생 기념일인 10월 28일부터 사용되기 시작한 것으로 보인다.* 당시 천도교에서는 비범한 큰 스승이라는 의미로 수운을 '대신사(大神師)'로 해월을 '신사(神師)'로 각각 일컬었으나, 시천교 계열에서는 수운을 제세주로 해월을 대신사로

---

* 『시텬교종역ᄉ』, 시천교본부, 1915, 238쪽.

각각 격상시킨 호칭을 공식화하였다. 이 외에도 경천교(敬天敎)에서도 제세주를 사용했던 것으로 파악되며, 이를 계승한 동학교본부(東學敎本部)에서도 '수운 대선생'이라는 존칭을 쓰면서도 주요 헌성축문인 '제세주축(濟世主祝)'에서 수운을 제세주성신(濟世主聖神)으로 호명하였음이 확인된다.

근대화법으로 그려진 수운의 진영은 대략 세 가지가 알려져 있다. 먼저, 1908년 1월에 이용구가 조선말의 유명 화가인 심전(心田) 안중식(安中植)으로 하여금 수운의 진영을 그리게 하였는데, 본서의 제세주진상 이미지는 아마도 그것을 반영한 것으로 여겨진다. 당시 심전은 수운의 양사위인 정울산(鄭蔚山)의 진술을 바탕으로 진영을 완성하였다고 한다. 두 번째로 1904년에 내한한 일인 화가 시미즈 도운(淸水東雲)이 1911년경에 최제우상을 그렸다고 하는데, 현재 실물 초상화는 전해지지 않고 도판 이미지로만 확인되고 있다.* 세 번째로, 1913년에 송병준의 시천교본부로부터 이탈하여 시천교총부를 세운 구암 김연국이 당대에 순종의 초상을 그린 이당(以堂) 김은호(金殷鎬)로 하여금 그리게 했다는 수운의 진영이 있다.**

본서에 실린 원문의 내용은 시천교본부에서 발간한 한문본 『侍天

---

* 황정수, 『일본 화가들 조선을 그리다』, 이숲, 2018, 132쪽.
** 김은호, 『서화백년』, 중앙일보, 1977, 63-66쪽.

教宗繹史』(1915)와 한글본 『시텬교종역亽』(1915)의 첫머리의 내용과
같다. 최제우는 1824년(순조 24) 경주 구미산 인근의 가정리에서 출생
하였는데, 그의 탄생 연도를 중국연호가 아닌 일본의 그것(文政)으로
환산하여 밝히고 있는 점이 특이하다.

『侍天敎宗繹史』 ──

我濟世主, 卽侍天敎第一敎祖. 始降于東亞細亞洲朝鮮前慶州府
龜尾山柯亭里, 仁孝天皇文政七年[朝鮮前李朝純祖二十四年, 西曆紀元
一千八百二十四年], 甲申十月二十八日(陽曆十二月十九日)也.

【主姓崔氏, 慶州人. 諱濟愚[初諱濟宇], 表德性默, 號水雲齋. … 創立我敎宗之
第一敎祖也. 後人崇奉之, 稱爲濟世主.】(第一編 第一章〈第一敎祖濟世主降生〉)

태양을 품에 안다
太陽入懷圖

제세주의 부친인 근암공의 휘는 옥이다. 은거지를 소요하며 후학을 가르쳤다. 연로하여 후사가 없는 것을 근심으로 여겼는데, 마침 한 부인이 있어 안뜰에 와 앉았다. 그 온 까닭을 물으니 대답하여 말하였다.

"첩의 성은 한이요, 나이가 삼십이 넘도록 과부로 금척리 친가에서 지냈습니다. 이날 오시(午時. 11-13)경에 홀연 정신이 아득하여 쓰러져 정신이 없을 때, 태양이 곧바로 품 안으로 들어왔고 또 기이한 기운이 끌어당기는 듯하여 몸을 옮겨 이곳에 도착하였습니다."

근암공이 그를 이상히 여겨 마침내 동거하였고 잉태함이 있었다. 제세주가 이에 강생하였다.

主之父近菴公, 諱鋈, 嘗逍遙林泉, 訓進後學. 以年老無嗣爲憂, 適有一婦人, 來坐內庭. 叩其來由, 對曰, "妾姓韓, 年踰三十, 寡居于金尺里親家. 伊日午頃, 忽然昏倒莫省之際, 太陽徑入懷中. 又有若攝異氣, 轉身到此." 近菴公異之, 遂同居有娠, 主乃降生.

해제 ——

〈태양입회도〉는 수운의 신이한 영웅 출생담을 묘사하고 있다. 이

■임천林泉: 숲과 샘. 곧 물러나 은거하는 곳. ■과거寡居: 과부로 지냄. ■금척리金尺里: 경상북도 경주시 건천읍에 있는 마을. ■이일伊日: 이날. 혹 그날.

는 보통의 인간과는 다른 비범한 과정을 거쳐 잉태되었다고 묘사함
으로써 교조의 신성한 기원을 강조하는 것이다. 수운의 친모인 한씨
(韓氏)가 태양을 품에 안음으로써 잉태되었다고 하는 이야기는 수운
의 탄생이 인간의 자의적인 행위에 의해 비롯된 것이 아니라, 외적인
힘에 의해 주도되는 신성한 기획의 일환이라고 암시하는 것이다. 태
양(빛)을 소재로 영웅의 기원을 신성화한 이야기는 이미 고구려 주몽
신화에서도 확인된다. 즉 금와왕에 의해 방 속에 갇히게 된 유화부인
에게 태양빛이 비쳐 태기가 있었고, 그로 인해 주몽이라는 영웅이 탄
생하였다는 이야기가 그것이다.

경주 최씨인 수운(25世)은 신라의 대학자 최치원(1世), 양란에 무공
을 세우다 순절한 최진립(18世), 그리고 영남에 이름을 떨친 산림처
사 최옥(24世) 등을 선조로 두었고, 슬하에 세정과 세청 두 아들을 두
었다.* 수운 최제우의 부친 근암 최옥(1762~1840)은 영남학파의 학통을
잇는 학자**로서 60세가 넘도록 후사를 얻지 못하다가 한씨 부인을 맞
이함으로써 63세의 뒤늦은 나이에 비로소 친자로서 수운을 얻을 수
있었다. 수운의 모친인 한씨 부인에 대해서는 알려진 것이 많지 않

---

* 수운의 세계(世系)에 대해서는 『신인간』 271호(1970년 1월), 「教祖 水雲大神
  師의 世系」. 참조.
** 최옥의 문집인 『근암집』을 통해 그의 학문과 사상을 엿볼 수 있다. 최동희 역,
  『근암집』, 창커뮤니케이션, 2005.

다. 『시천교종역사』에 따르면, 경주 가정리에서 50리 떨어진 경주 금척리에서 30세가 넘도록 과부로 지내온 것으로 보인다. 평생 성실한 학자로 지내온 최옥과 태양을 품에 안은 한씨 부인이 서로 만나 가연을 맺을 수 있었던 것은 세속의 연통을 주고받아서가 아니라 알 수 없는 신이한 힘에 의한 이끌림 때문이었음이 강조되고 있다.

『**侍天教宗繹史**』————

【父諱鋈[號近菴, 時人尊尙道學, 稱近菴先生], 逍遙林泉, 訓進後學. 嘗以年老無子爲憂, 一日午頃, 偶然起身入內, 適有一婦人來坐內庭. 問知爲門徒韓某之姑母. 叩其來由, 對曰, 妾年踰三十寡居于金尺里[距柯亭五十里]親家, 伊日未午忽然昏倒莫省之際, 太陽徑入懷中, 又有若攝異氣, 轉身到此. 公異之, 遂同居有娠, 主乃降生, 卽上帝之化身, 創立我教宗之第一教祖也.】(第一編 第一章 〈第一教祖 濟世主降生〉)

3

구미산이 흔들리며 울다
龜岳震鳴圖

최씨 가계의 전승을 삼가 생각건대, 제세주의 13대조 사성공(司成公) 예(汭)가 태어났을 때 구미산이 흔들리며 3일을 울었다. 그 7대조 정무공(貞武公) 진립(震立)이 태어났을 때도 역시 그와 같았다. 지금 제세주가 태어났을 때 구미산[龜岳]이 또한 흔들리며 3일을 울었다.

대개 제세주가 하늘이 내신 성인이요 산악이 내린 신성으로서 맑은 기운이 모여 시운에 응해 마침 왔으니 반드시 장래 세상을 크게 울릴 것이다.

謹按, 崔氏世乘, 主之十三代祖司成公汭之始生也, 龜尾山震鳴三日. 其七代祖貞武公震立之生也, 亦如之. 今主誕之辰, 龜岳又震鳴三日. 盖主以天縱之聖, 岳降之神, 鍾毓淑氣, 應運適來, 必將大鳴於世也.

해제 ──

〈구악진명도〉역시 수운의 출생이 비범하고 신성한 것이었음을 암시하는 내용이다. 『회상영적실기』의 제1도인 〈제세주강생도(濟世主降生圖)〉에서는 제세주의 강생 시에 구미산이 삼일간 울었다고 언급한 것에 비해, 〈구악진명도〉에서는 그러한 비범한 사건이 경주 최씨 가계 전승 상의 세 위인에게 반복되었음을 언급하였다. 먼저, 신

──────
■천종지성天縱之聖: 하늘이 내신 성인(聖人). 공자(孔子)의 덕화나 임금의 높은 성덕을 일컫는 말.

수운 탄생지(복원, 경주시 현곡면 가정리)

라말 당에 유학하여 과거에 급제하고 관리까지 지내다 온 최치원은
문창을 떨친 대학자였다. 둘째, 조선 중기 최진립은 왜란과 호란에
나서 공훈을 세운 무신이었다. 셋째, 조선말의 최제우는 새로운 영적
각성으로 세상을 구제할 무극대도를 창도한 종교가였다. 이 같은 문
과 무와 종교를 대표하는 집안의 위인들이 탄생할 때마다 구미산이
뇌성같이 크게 울었다는 것이다. 특히 수운의 경우에는 하늘이 내린
성인의 탄생을 암시하는 동시에 장차 세상에 널리 공명될 신성한 존
재임을 특별히 강조하였다.

경주시 현곡면 가정리에 소재한 구미산(594미터)은 위인과 성인의
신화적 탄생을 암시하는 시금석으로 묘사되고 있다. 특히 동학으로

보자면 구미산의 용담정은 수운이 득도한 곳이고, 동학의 교화와 가르침이 시작된 출발지이며, 수운이 관원에 의해 붙잡혀 간 피체지이기도 하다.

『侍天敎宗繹史』 ──

龜尾山震鳴三日.

【遠祖新羅文昌侯, 諱致遠, 號孤雲[或稱海雲], 以道德文章著名當世, 見羅季政亂, 挈家入伽倻山以終. 有遺偈曰, 我東道, 氣彌綸長存, 我後孫大聖必興, 是爲東方文獻之宗. 有諱汭, 在李朝, 以文學官成均司成, 是爲十三世. 有諱震立, 武參判, 諡貞武, 選淸白吏, 享忠祠, 仁祖丙子殉節, 是爲七世.】(第一編 第一章〈第一敎祖濟世主降生〉)

4

보랏빛 기운이 집을 감싸다
紫氣繞屋圖

제세주가 강생하였을 때, 보랏빛 기운이 집을 감쌌고, 기이한 향기
가 방에 가득 찼다.

主降生時, 紫氣繞屋, 異香滿室.

해제 ——

〈구악진명도〉와 마찬가지로 〈자기요옥도〉도 수운이 탄생하였을
때의 상서로움을 암시하고 있다. 『회상영적실기』에서는 수운의 탄생
시에 구미산이 삼일간 울고 자색의 기운이 집을 감싸고 기이한 향기
가 방에 가득 찼다는 내용을 제1도인 〈제세주강생도〉에 포괄하고 있
으나 『시천교조유적도지』에서는 그것을 〈구악진명도〉와 〈자기요옥
도〉로 각각 나누어 싣고 있다.

『侍天教宗繹史』 ——

時紫氣繞屋, 異香滿室.(第一編 第一章〈第一教祖濟世主降生〉)

■ 자기紫氣: 자줏빛 기운. 상서로운 기운을 뜻함.

5

울산으로 살 곳을 정하다
蔚山卜居圖

제세주의 나이가 20세가 되어 세상의 도리를 생각함에, 분개하며 사방을 주유하였다. 울산군에 이르러 그 골짜기의 깊음과 샘의 단 것과 산이 밝고 수림이 윤택함을 보고 그로 인해 가족을 이끌고 살 곳으로 정하였다. 이때부터 소리를 죽이고 자취를 없애고, 덕성을 함양하며 도기를 수련하기를 14년이었다.

主年二十歲, 慨念世道, 周遊四方. 轉至蔚山郡, 見其谷邃泉甘, 山明林潤, 因挈眷卜居焉. 自是銷聲屛跡, 涵養德性, 修煉道氣, 十有四年.

해제 ────

수운의 종교 인생에서 고향 경주 못지않게 중요한 곳이 울산이다. 고향 경주를 떠나 방황하던 수운이 다시 귀향하여 득도와 포덕을 완성하기 이전까지 그것을 예비하고 갈고 닦았던 탐색의 시기를 보낸 곳이, 처가가 있던 울산이다. 노승으로부터 기도에 관한 가르침이 담긴 천서(天書)를 전해받은 곳도 울산 여시바윗골이었고(〈신승기우도(神僧奇遇圖)〉), 천서의 내용에 따라 양산 천성산으로 49일 기도를 두 차례나 다녀온 곳도 그곳이었다(〈천성도천도(千聖禱天圖)〉). 울산에서의 기도와 수련의 과정이 마무리되면서 수운은 경주의 구미산 용담정으로 귀향할 수 있었다.

■ 설권挈眷: 가족을 이끌고 옮겨 감. ■ 복거卜居: 살 만한 곳을 가려서 정(定)함.

복원된 여시바윗골의 초당(울산)

본서는 〈울산복거도〉와 〈신승기우도〉를 분리해서 도설하고 있지
만, 『회상영적실기』는 〈신승헌천서도(神僧献天書圖)〉로 통합하여 묘사
하고 있다.

『侍天敎宗繹史』──

　年至二十, 慨念世道, 周遊四方. 行到蔚山郡, 見其谷邃泉甘, 山明林
潤, 因挈眷卜居焉. 自是銷聲屛跡, 涵養德性, 修煉道氣, 蓋如是者十有
四年.(第一編 第一章 〈第一敎祖濟世主降生〉, 第二章 〈靈書原因〉)

6

신이한 승과의 기이한 만남
神僧奇遇圖

제세주가 울산에 거할 때의 늦봄이었다. 한 행각승이 있어 당 앞에 머물러 엎드려 절하며 예를 다하였다. 육근이 맑고 깨끗하여 일체의 번뇌의 행동이 없는 모습이었다. 제세주가 그 범상치 않음을 알고 빈 자리에 맞아들였다. 승이 영서(靈書) 한 책을 주었다.

主居蔚山之暮春, 有一行脚僧, 卓錫于堂前, 膜拜致禮. 六根淸淨, 無一切漏業相. 主知其不凡, 因迎之虛座. 僧因授以靈書一册.

해제 ──

〈신승기우도〉는 1855년 3월 울산에 거하던 수운에게 노승이 찾아와 영험한 책을 전해주고 갔다는 이야기를 담고 있다. 초기 동학 문서인 『최선생문집도원기서(崔先生文集道源記書)』(이하 『도원기서』)에 따르면, 울산의 초당을 찾아와 비서를 전해준 이는 금강산 유점사에서 온 노승이었고, 그 노승이 불공을 드리다 얻게 된 책을 능히 해독할 만한 박학문사를 찾아 주유하던 중 수운의 초당에까지 이르게 되었다고 한다. 아울러 책을 받아본 수운은 그것이 유불의 논리로도 해명되기 어려운 내용을 담고 있었지만, 3일 내에 그것이 기도의 가르침

■ 모춘暮春: 음력 3월. ■ 탁석卓錫: 석장(錫杖)을 세움. 돌아다니던 승려가 한 절에 오래 머무름을 이르는 말. ■ 모배膜拜: 합장한 손을 이마에 대고 땅에 엎드려 하는 절. ■ 육근六根: 안(眼), 이(耳), 비(鼻), 설(舌), 신(身), 의(意) 등의 6가지 감각기관.

(祈禱之敎)을 담고 있는 책이라고 독파하였다고 한다. 동학 교단에서는 당시에 수운이 건네받은 책을 흔히 '을묘천서(乙卯天書)'라고 지칭한다. 혹자는 그것을 서학의 교리문답서인 마테오 리치의 『천주실의(天主實義)』라고 비정하였지만, 천서의 핵심적인 이치를 기도의 가르침으로 파악하고 거기에 따랐던 수운의 이후 행보를 볼 때 그렇게 보기에는 무리가 따른다고 생각된다. 더구나 『천주실의』는 18세기 서학에 관심 있던 기호의 학자들에게 두루 읽혔고, 그것에 비판적인 영남의 학자들에게도 낯설지 않았을 것이므로 '비서(祕書)'니 '영서(靈書)'니 하며 대하였을까 의심이 들기도 한다.

을묘천서가 어떤 구체적인 책이었을 가능성도 있고, 아니면 종교적 행로를 안내해 준 심리적 표상일 수도 있지만, 이어지는 수운의 기도 여행을 추동시킨 원천이었던 것은 분명하다. 1855년 3월 신승으로부터 천서를 건네받고 기도의 가르침을 간파한 수운은 이듬해인 1856년 5월 책의 가르침에 따라 양산의 천성산으로 기도 여행을 떠났다. 그러나 이때는 기도의 뜻을 이루지 못하였고, 1857년 가을 다시 천성산에 들어가 기도 수련을 완성하였다(〈천성도천도〉).

---

* 김용옥, 『도올심득 東經大全』, 통나무, 2004, 201-214쪽.

『侍天敎宗繹史』──

歲乙卯暮春, 有一行脚僧, 卓錫于堂前, 膜拜致禮. 六根淸淨, 無一切
漏業相. 主問曰, 耆宿從何方來. 曰, 自金剛來. 又問, 如何是金剛. 僧擧
手指之. 主曰, 此莫非風息太虛, 動樹示之, 月隱中峯, 擧扇喩之之榜樣
乎. 對曰, 其風與月, 本無實體, 示之喩之從何命名. 主知不凡, 因迎之
虛左. 僧曰, 貧道徒念禪經, 竟無神驗, 故百日虔禱于天已. 倚塔假寐,
頓悟而視, 有一卷書, 放下塔上. 輒扱而一繙, 有非凡諦之可解. 擬求人
天之法眼, 間關到此, 乞先生賜覽焉. 期以三日後再來. 主乃默會而心
得之, 蓋空前絶後之一枕中祕寶, 似儒似佛似仙而非者也. 屆期僧果再
來, 叩其了解. 主亦擧手視之, 僧再拜稱謝曰, 先生天靈降臨, 自成正覺,
將爲萬世之道祖, 願先生自愛. 言訖, 僧與書俱翊翊然莫知所之矣.(第
一編 第二章〈靈書原因〉)

7

천성산에서 하늘에 빌다
千聖禱天圖

제세주가 일찍이 양산군 천성산[통도사 뒤에 있다]에 들어가 삼층 도량을 쌓고 향폐를 정성스레 갖추어 널리 구제할 뜻을 발원하였다. 〈이듬해〉 다시 49일 기도를 행하니 이로부터 마음이 온전히 화하여 얻은 바가 있는 것같이 가득하였다.

主嘗入梁山郡千聖山[在通度寺後], 築三層道場, 精具香幣, 發願廣濟. 再行四十九日祈禱, 自是靈竅圓融, 充然如有所得.

해제 ──

1855년 신승으로부터 건네받은 천서의 가르침을 실행하기 위해 수운은 1856년 양산의 천성산에 입산하여 기도 수련을 펼친다. 『도원기서』에는 1856년 5월(仲夏之節)이라 했으나 『시천교종역사』는 4월이었다고 밝히고 있다. 본서의 연대기는 당연히 같은 교단에서 발간한 후자와 일치한다. 본문에서는 양산 천성산을 "통도사 뒤에 있다"고 설명하고 있으나 엄밀히 말하면 통도사의 말사였던 내원암을 가리키는 것으로 보인다. 〈천성도천도〉에는 방형의 삼층단을 쌓고 단 위에 올라가 제상 앞에서 기도하는 장면이 묘사되어 있으나 『회상영적실기』의 〈천성산기천도(千聖山祈天圖)〉는 원형의 삼층단 위에 청수를 올리고 단 아래에서 기도하는 장면을 묘사하고 있어 서로 차이점을 드러

■ 향폐香幣: 제사에 올리는 향과 폐백. ■ 원융圓融: 하나로 통하여 아무 차별이 없음.

낸다. 본문에 "다시 49일 기도를 행"하였다는 기록은 1856년 여름에 49일 기도를 진행하다가 47일째 숙부의 상으로 인해 기도를 완성하지 못하였고, 1857년 여름에 다시 천성산에 들어와 49일 기도를 완수한 상황을 가리킨다.

1857년 수운이 천성산의 기도를 완수한 장소를 비정하기는 쉽지 않다. 다만, 1909년 12월 천도교의 의암 손병희와 그 일행 최준모(崔俊模), 김상규(金相奎), 임명수(林明洙), 조기간(趙基栞) 등이 천성산의 기도처를 찾아왔을 때 당시 내원사의 스님으로부터 전해 듣고 수운의 기도터인 적멸굴을 답사했던 것으로 보인다.* 당시 의암은 과거 적멸굴에서 기도하던 수운과 적멸굴을 찾은 자신이 우주만물의 근원적인 영으로부터 표출된 동일 존재임을 자각하며, "옛날에 이곳을 와보았는데, 오늘에도 다시 와 보누나!(昔時此地見 今日又看看)"라는 시구를 남겼다고 한다. 소위 의암의 성령출세설(性靈出世說)의 근간이 되는 순례의 경험이라 할 수 있는데, 50여 년의 격세를 뛰어넘는 존재의 일체감에 대한 깨달음을 드러내는 표현이라 할 수 있다.

한편, 의암 일행이 순례했던 적멸굴을 찾아가 49일간의 기도를 행했던 소춘(小春) 김기전은 당시 양산의 현지인들로부터 전해들은 수

---

* 『신인간』 138호(1939년 9월), 「성사와 적멸굴」.

천성산 적멸굴 내부(양산)

천성산 금강암 주변 암벽의 제명(양산)

운과 적멸굴에 관한 설화담을 자신의 기행문에 실은 적이 있다.˙ 당시
천성산 인근의 주민들은 '정미굴'에서 공부를 마친 날 수운이 수리로
변신해 경주로 돌아갔다고 증언했다. 그들이 말한 정미굴은 발음상
적멸굴을 지칭하는 것으로 보이며 적멸굴과 수운의 기도를 친연적으
로 파악하였음을 알 수 있다.

『侍天敎宗繹史』 ──

　翌年丙辰四月, 入梁山郡千聖山[在通度寺後], 築三層道壇, 具香幣, 發
廣濟蒼生之志願, 虔行四十九日之祈禱. 期未滿二日, 心潮忽然自湧,
自度其叔父之病逝, 遂輟齋下山. 葬已, 丁巳夏重入千聖山, 行七七日
祈禱, 靈竅圓融, 充然如有獨得之妙.(第一編 第三章 〈心學研究〉)

* 『신인간』181호(1943년 10월),「적멸굴행」.

8

전질에 걸린 노파를 되살리다
癲嫗回甦圖

정사년(1857) 여름 천성산에서 다시 49일의 기도를 행하고 집에 돌아왔다. 이웃의 한 노파를 만났는데 갑자기 전질에 걸려 놀라 땅에 쓰러졌다. 그 세 아들과 두 사위가 함께 주 앞에 와서 슬피 부르짖으며 구해주기를 빌었다. 제세주가 정한 물로 한참 동안 그 얼굴에 문지르니 목구멍 안으로부터 미약하게 숨을 헐떡거리더니 계속하여 한 핏덩이를 내뱉고는 몸을 뒤집어 살아났다. 마을사람들이 놀라 탄식하지 않는 이가 없었다.

丁巳夏, 自千聖山, 再行七七祈禱, 歸家. 適隣有一嫗, 猝嬰癲疾, 驚仆於地. 其三子二壻俱至主前, 哀呼乞救. 主用淨水沃其面, 摩挲良久, 自喉內微有喘息, 繼以吐出一塊血, 翻身以甦. 隣里莫不驚嘆焉.

해제 ——

본문의 내용에 대해서는 대부분의 초기 동학서들이 여럿 다루고 있지만 기록들마다 시기상의 편차를 보이고 있다. 먼저, 본서는 1857년(정사년) 여름에 두 번째로 시도했던 천성산 기도를 마치고 돌아온 뒤 죽은 노파를 살려냈다고만 언급하였지만, 같은 교단에서 펴낸 『시천교종역사』는 그 해 여름에 2차 천성산 기도에 들어갔고, 기도를 마

■ 전질癲疾: 머리에 생긴 병. 전증(癲證). ■ 천식喘息: 헐떡거리다. 숨을 몰아쉬다. 숨이 차다.

치고 돌아온 뒤(귀가 시기는 밝히지 않음) 105일 치성을 이어가다 죽은 노파를 살려냈다고 기록하고 있다. 한편 『도원기서』는 1857년 9월에 제2차 천성산 기도를 마치고 돌아온 뒤 이듬해인 1858년에 이웃의 노파를 살려냈다고 적고 있으며, 천도교측의 『본교역사』도 마찬가지로 1858년의 일로 기록하고 있다. 본서의 〈전구회소도〉에 상응하는 『회상영적실기』의 〈무시회소도(撫尸回甦圖)〉에서는 그것을 1859년(기미년) 가을의 사건으로 기록하고 있으나 동 교단의 『시천교역사』에서는 1년 앞선 1858년(무오)의 일로 정정하였다. 문헌마다 대략 1~2년의 격차를 보이고 있지만, 공통적으로 1857년 천성산에서의 2차 기도를 마치고 난 뒤부터 1860년 4월 용담정에서 득도하기 이전에 벌어진 사건으로 묘사되고 있다.

시천교 계열의 기록들은 이웃의 노파를 살려낸 제세주의 이적만을 강조하고 있으나 『도원기서』와 『본교역사』 등은 선생(『도원기서』) 또는 대신사(『본교역사』)가 사건에 연루된 배경을 비교적 소상히 기록하고 있다. 즉 기도와 수련에 정진하는 사이에 경제적 어려움을 겪게 된 수운이 논을 여러 사람에게 동시에 거듭 팔다가 송사에 휘말리게 되었고, 피해자 중의 한 사람인 노파가 찾아와 난동을 부리다 이를 저지하던 수운에 의해 기절해 죽음에 이르게 되었다는 것이다. 수운이 죽은 노파를 살려내는 기적 행위를 벌였다는 기록은 본서의 내용과 같지만 핍진의 상황에 직면한 스승의 인간적인 상황과 면모를 구체적으로 묘사하였다는 점은 다르다고 할 수 있다. 송사의 배경과 죽음의 동기를 배제한 채 신적인 이적담만을 묘사한 시천교 계열의 문헌들은 아마도 수운을 스승이 아닌 제세주로 숭봉했던 교단의 관점을 투영한 결과라고 보인다.

『侍天教宗繹史』 ──

丁巳夏重入千聖山, 行七七日祈禱, 靈竅圓融, 充然如有獨得之妙.

及其歸家, 欲以見道忘山之意, 盡賣所餘庄土, 設鐵店於所居門外, 開道場於後院, 繼續虔禱者, 凡百有五日也.

時隣有一嫗, 猝嬰癲疾, 驚仆於地. 其三子二壻俱至主前, 哀呼乞救. 主曰, 爾等信我無怖. 衆皆俯首聽命. 主用淨水沃其面, 親手撫之. 少頃自喉內喘息微動, 繼以吐出一塊血, 翻身以甦. 隣里莫不驚嘆焉.(第一編第三章〈心學研究〉)

9

신령함에 접하여 강화를 받다
接靈降話圖

경신년(1860) 4월 5일, 제세주가 장조카 세조의 생일에 참석하였다. 이날 오시(午時)경에 갑자기 춥고 떨리는 기운이 있어서, 급히 서둘러 돌아왔다. 집에 들어가니 더욱 정신이 어지럽고 현기증이 일었는데, 어떤 이유로 그렇게 된 것인지 알 수 없었다. 밖으로는 신령함을 접하는 기운이 있었고, 안으로는 강화의 가르침이 있어 그 마주하여 차근차근 가르치는 것이 진정 자상하였다.

庚申四月五日, 主往參于長侄世祚生朝. 是日午頃, 忽發寒顫之氣, 薄言旋歸. 及抵廳上, 轉益神眩氣暈, 莫知其所以然而然, 外有接靈之氣, 內有降話之敎, 耳提面命, 丁寧諄複.

해제 ———

〈접령강화도〉는 동학의 출발이 된 1860년 4월 5일에 있었던 수운의 종교체험을 묘사하고 있다. 이 체험이야말로 동학의 연호로 사용되는 '포덕(布德)'의 기원을 알리는 대사건이었다.* 1855년 노승으로부

■생조生朝: 생일. ■오경午頃: 오전 11시부터 오후 1시 사이. ■한전寒顫: 오한전율(惡寒戰慄)의 준말로 몸에 열이 나며 춥고 몹시 떨리는 증세. 한전(寒戰). ■박언薄言: 급급망망急急忙忙. 서두르는 모양. ■기훈氣暈: 기운이 모자라 현기증이 일고 힘이 없는 증세. 기울현훈(氣鬱眩暈). ■강화降話: 천주(天主)가 내리는 말씀. ■이제면명耳提面命: 귀를 잡아당겨 얼굴을 마주하고 가르침. 친절히 가르치는 것을 이름. ■정녕丁寧: 꼭, 틀림없이. ■순복諄複: 자상함.
* 시천교 계열에서는 제세주의 강생년(1824)을 중시하는 경향이 강하였다. 시천교총부와 상제교를 거친 천진교에서 사용하는 '동기(東紀)'도 수운의 탄생 연도

터 천서를 건네받은 후 1856년과 1857년에 천성산에서의 기도와 수련을 마친 수운은 방황과 탐색을 끝내고 드디어 1859년 고향 경주 가정리로 돌아왔다. 귀향한 수운은 용담정을 수리하고는 출입을 삼가며 수도 정진을 이어갔다.

그러던 중 1860년 4월 5일 장조카인 최세조(崔世祚)*의 생일 잔치에 초대되었지만 갑자기 몸이 떨리는 증상에 못 이겨 일찍 귀가할 수밖에 없었다. 돌아온 후에도 수운은 까닭 없이 어지러운 증세를 한동안 겪은 끝에, 몸소 신령의 기운을 접하고 강화의 가르침을 받는 신비체험을 하게 된다.

『동경대전』과 『용담유사』에도 이날의 종교체험이 다양하게 묘사되어 있는데, 대개 상제(하늘님)와 나눴던 문답 과정과 그로부터 전수한 주문 및 영부 등을 주요 골자로 다루고 있다. 다만 본서에서는 경신년의 종교체험을 〈접령강화도〉와 〈제수영부도(帝授靈符圖)〉로 나누어 도설하고 있는데, 이는 〈시수천명도(始受天命圖)〉와 〈궁을영부도(弓乙靈符圖)〉를 배치하고 있는 『회상영적실기』의 구성과도 일치하는 것이다.

를 기점으로 삼았다.
* 『도원기서』에는 '맹륜(孟倫)'이라고 기록되어 있는데, 맹륜은 최세조의 자(字)이다.

용담정(경주)

『侍天敎宗繹史』──

夏四月五日[陽五月二十六日], 卽主之長侄世祚生朝也[世祚時居芝洞距
龍潭一里也]. 送衣冠奉邀, 主不欲遏其情, 往參. 伊日未午, 忽有寒顫之
氣, 薄言旋歸. 及抵廳上, 轉益肌粟心悸, 神眩氣暈, 莫知所以然而然,
外有接靈之氣, 內有降話之敎. 耳提面命, 丁寧諄複.(第一編 第四章 〈受
天命敎〉)

10

상제께서 영부를 내리시다
帝授靈符圖

〈경신년(1860)〉 4월 5일, 제세주가 신령함을 접할 때, 강화의 가르침을 공손히 받아들이고 종이를 받들어 기다렸다. 잠시 뒤 무늬가 밝디밝게 지면(紙面)을 따라 일어나 둥글고 모나며 꺾이고 굽은 형태로 물형(物形)을 완연히 이루게 되니, 이것을 일러 영부라 한다.

四月五日, 主接靈時, 祗承降話之教, 奉紙伺候. 頃之有文瑩瑩然從紙面起, 圓折方曲, 宛成物形, 是曰靈符.

해제 ——

1860년 4월 5일 상제를 대면한 수운은 그로부터 강화의 가르침을 얻고 영험한 부도(符圖)를 전수받는다. 초기 동학의 전통에서는 영부 자체가 도의 전수를 상징할 뿐 아니라 인간의 질병과 고통을 구제할 선약(仙藥)으로 인식되었다. 내용에 따르면, 수운은 이미 완성된 부적을 얻었다기보다는 빈 백지에 서서히 모양을 갖춰 가는 부적을 목도한 것이었다. 구체적인 모양을 묘사하지는 않았지만, 부적의 형상은 대체로 곡선과 직선이 어우러진 형태의 것으로 암시되어 있는데, 이는 태극 모양 같기도 하고 궁궁(弓弓)의 형상 같기도 했다는 『동경대전』(포덕문)의 내용과 상통한다고 할 수 있다. 특히 시천교총부-상제교-천진교로 이어지는 동학교단의 전통에서는 상제로부터 수운이 받

■ 사후伺候: 윗사람의 명령을 기다림. ■ 영부靈符: 동학(東學)의 부적(符籍).

은 부적을 영부(靈符)라 하고, 구체적으로 그것이 모난 형태(弓)와 둥근 형태(乙)를 갖춘 '궁을영부'(弓乙靈符)라고 명명한다. 본서의 〈제수영부도〉에 대응되는 『회상영적실기』의 도설이 〈궁을영부도(弓乙靈符圖)〉인 것도 그들의 명명 전통에서 비롯되었기 때문이다. 〈제수영부도〉가 실내에서 부적을 그리고 있는 수운의 모습을 표현하고 있는 반면, 〈궁을영부도〉는 단순히 영부 자체의 그림만을 묘사하고 있어 대조를 이룬다.

상제로부터 영부를 받은 수운은 영부에 대한 탐색과 실험을 이어갔다. 본인이 직접 영부를 그려 보고 그것을 태운 뒤 복용하는, 소위 탄부(呑符)를 시도하며 효험을 얻었다고 한다. 치성과 치병을 갈망하던 초기 동학도에게도 영부는 강력하게 영향을 미쳤으리라 짐작된다. 다만, 근대 이후 영부수련의 전통은 교단별로 차별화되기 시작한다. 전근대적 모델을 탈피하며 문명종교로의 개신을 추구하던 천도교는 영부를 그리며 수련하는 전통적인 실천을 약화시켰다. 반면 시천교 교단에서는 영부 수련을 가장 핵심적인 심학 공부로 간주하며 이를 중시하는 전통을 유지하였다. 한때 계룡산 신도안에 종교촌을 형성했던 천진교(구암 김연국이 세운 상제교의 후신)는 21일간의 일정으로 영부를 그리며 수련하는 프로그램을 운영할 정도였으나 6.20 사업* 이후 교단

* 1983년 현재의 계룡시 신도안면 일대에 육해공 3군의 통합기지를 건설하려던

『주해 동경대전』(시천교본부)에 수록된 영부

이 분열되고 교세가 약화되면서 수련의 명맥이 소진되었다.

『**侍天敎宗繹史**』——

仍命舖碓紙, 受靈符. 主乃奉紙伺候. 頃之有文瑩瑩然從紙面起, 圓
折方曲, 宛成物形, 是曰靈符.(第一編 第四章〈受天命敎〉)

계획명이다. 이 사업으로 인해 신도안 용동리와 석계리에 자리 잡고 있던 천진
교 교당 건물이 철거되었고, 신도안 일대의 종교촌도 와해되었다.

11

청수를 올려 정성을 바치다
清水獻誠圖

제세주가 대신사(해월 최시형)에게 명하여, 입도(入道)의 여러 과정을 세워 각자 따라 행하게 하였다. 그중 청수를 올려 정성을 바치는 것을 첫 번째 조목으로 삼았다.

主命大神師, 設入道諸科, 使各遵行. 清水獻誠, 爲第一條也.

해제 ──

〈청수헌성도〉는 초기 동학사에서 독립된 주제로 부각되지 않았던 내용을 다루고 있다. 본 내용은 1861년(신유) 6월 검곡 출신의 해월 최시형이 수운 최제우를 찾아와 제자로 입도하고 스승의 가르침을 받은 이후, 조직의 운영과 의례를 정비해 나가는 과정의 일환으로 제시된 것이라 할 수 있다. 『회상영적실기』는 해월이 수운의 제자가 되는 과정과 그 인물됨을 묘사한 〈시래집지도(始來執贄圖)〉를 배치하였으나, 청수 헌성에 관한 조목은 생략하고 있다.

한편 본서의 〈청수헌성도〉는 수운이 제자 해월에게 초기 동학의 신앙공동체를 운영하는 데에 골자가 되는 3조목의 준행을 설파하면서 제시했던 내용의 첫째 조목에 해당한다. 『시천교종역사』에 따르면, 동학에 입도한 자가 준수해야 할 제일항은 청수를 바치는 것이었고, 제이항은 아침저녁으로 하늘에 고하는 것(告天)이었으며, 제삼항

■ 대신사大神師: 해월 최시형을 말함. ■ 준행遵行: 좇아 행함.

은 출입시에 하늘에 고하는 것이었다. 결국 초기 동학도에게 요구된 신앙 행위의 골자는 청수 봉헌과 기도(심고)의 일상적 실천으로 요약된다. 청수 봉헌과 기도의 실천은 의암 손병희가 창립한 천도교에서 제시한 신앙인이 지켜야 할 오관(五款; 주문, 청수, 시일, 성미, 기도), 즉 다섯 가지 기본적인 의무사항에도 포함되어 후대로 지속되었다.

본서의 〈청수헌성도〉에서 밝히고 있듯이 초기 동학부터 청수 헌성은 일상에서 신도가 준수해야 할 가장 근본적인 의례 행위였고, 후대의 동학교단에서도, 개인은 물론 교단의 공식적인 의식 차원에서도 예외 없이 중시된 실천항목이었다.

『侍天敎宗繹史』——

主謂大神師曰, … 立諸科, 使入道者, 各自遵行. 第一淸水獻誠, 第二朝夕食頃必告天, 第三出入必告天. 以至日用動作云爲, 無事不告, 此爲修道之初程也.(第一編 第五章〈大神師執贄〉)

12

은적암에서 신령스런 계(乩)를 받다

隱寂菴靈乩圖

신유년(1861) 11월, 제세주가 유랑하다 호남의 남원 은적암에 이르렀다. 이때 첩첩이 둘러싸인 깊은 산속에 많은 사람들이 모두 모였는데, 금강보좌에 의탁하여 감로법문이 펼쳐졌다. 제세주가 두려워하면서도 기뻐하였다. 사념 없이 한 요사채에 머무르며, 깊은 밤 베개에 기대어 있을 때, 모든 연기(緣起)가 갑자기 그치고, 온갖 소리가 모두 잠잠하여 신령스러우니 마치 감응이 있는 듯하였다. 마침내 부계하여 〈도수사〉, 〈논학문〉을 얻어 탄식의 뜻을 부치었다.

辛酉十一月, 主遊至湖南之南原隱寂菴. 是時萬山深處大衆齊集, 據金剛之寶座, 演甘露之法門. 主乃犂然而喜. 淨居一寮, 深夜支枕. 諸緣頓息, 萬籟俱定, 靈靈然, 若有感應. 遂扶乩得「道修詞」·「論學文」, 以寓咏歎之意.

해제 ——

수운이 포덕을 시작한 이래 점차 입도자가 늘어나게 되자 동학을 바라보는 주위의 시선과 압박도 드세졌다. 이에 수운은 위협을 느끼

■금강지보좌金剛之寶座: 석가모니가 보리수 아래서 깨달음을 얻은 자리. 금강보좌(金剛寶座). ■감로지법문甘露之法門: 감로와도 같은 부처님의 가르침. 감로법문(甘露法門). ■유연犂然: 두려워하는 모양. ■만뢰萬籟: 온갖 소리. ■부계扶乩: 저절로 감응하여 초월적 존재로부터 글 등의 메시지를 받는 것. 강필(降筆). ■도수사道修詞:『용담유사』에 수록된 글. ■논학문論學文:『동경대전』에 수록된 글.

고 관의 지목을 피해 경주를 떠나기로 작정한다. 경주를 떠나 남원에 이르렀던 당시의 여정은 결과적으로 첫째, 교조의 피신을 통해 미래의 동학을 재건할 수 있는 발판을 마련해 주었고 둘째, 원로(遠路)를 주유하며 동학을 확산시킴으로써 영남권을 뛰어넘는 동학의 잠재적인 거점을 확보하게 해주었으며 셋째, 훗날 동학의 경전으로 수록될 주요한 논설과 가사를 집필함으로써 공식화된 교리 체계를 갖출 수 있게 해주었다. 한마디로 수운의 남원행은 위기를 모면하기 위한 도피이면서도 포덕과 경전화를 통해 종교공동체의 자양분을 비축하는 계기였다고 할 수 있다.

『도원기서』에 따르면, 수운이 경주를 떠난 시기는 1861년 11월이다. 당시 수운의 편력은 경주에서 남행하다 바닷길을 따라 서진하여 전라도 남원 땅에 이르는 여정이었을 것으로 추정된다. 당시 수운이 남원에 이르기 전 승주(昇州)*의 충무사(忠武祠)에 들러 참배했던 것으로 확인된다. 남원에 도착한 수운은 서공서(徐公瑞)의 집에 유숙하다 1861년 연말 즈음에 드디어 은적암(隱跡菴)**에 닿았다고 한다.

---

* 『도원기서』에는 성주(星州)에 있는 충무공 사당에 배알하였다고 하나 남원 인근의 승주(昇州)를 성주로 오기한 것으로 보인다. 실제로 성주에는 충무공 사당이 없으며 경주에서 남원에 이르는 여로를 고려할 때에도 적합성이 떨어진다고 할 수 있다. 당시 수운의 여로와 저작에 대해서는 표영삼, 『동학1』, 통나무, 2004, 147-199쪽을 참조하라.
** 은적암은 애초에 덕밀암(德密庵)이라 불렸으나 그곳에 머무르던 수운이 이름

수운이 은적암에 당도했을 때에는 불자들이 사원에 운집하여 송구영신의 법회를 치르는 상황이었을 것으로 보인다. 본서의 내용에도 제시되어 있듯이, 수운은 은적암 요사채에 머물며 신령한 감응을 접하게 된다. 흔히 수개월간 은적암에 머물던 수운이 〈도수사〉(『용담유사』)와 〈논학문〉(『동경대전』)을 지었다고 한다.* 다만, 시천교 계열의 기록에서는 수운의 경전 집필 과정에 영적 감응이나 강필(降筆)을 전제하고 있는 점이 특이하다. 가령, 본서의 〈은적암영계도〉나 『회상영적실기』의 〈은암강관도(隱菴降管圖)〉의 제목이 예사롭지 않다. 전자에 쓰인 '계(乩)'나 후자에 들어 있는 '강관(降管)'은 모두 저자의 자의적인 글쓰기가 아니라, 신의(神意)를 통해 길흉을 판단할 만한 점괘를 얻듯이 신령의 감응을 통해 메시지를 작성했다는 뜻을 내포하고 있다.** 본문에 나와 있는 '부계(扶乩)'도 신의 감응을 얻어 문자를 얻어내는 행위를 뜻하는데, 이를 통해 〈도수사〉와 〈논학문〉을 얻어냈다는 것은 경전이 인간의 논리적 사유의 결과물이 아니라 강화의 말씀을 가감

을 바꾼 것이라 한다. 한편, 『도원기서』에는 '은적암(隱跡菴)'으로 표기되어 있으나 본서를 비롯한 『시천교종역사』는 은적암(隱寂菴)이라 적고 있다. 은적암이 있던 터로 추정되는 곳은 현재 남원 선국사 뒤쪽 교룡산 능선자락이다.

* 『도원기서』에는 〈도수사(道修詞)〉, 〈동학론(東學論)〉, 〈권학가(勸學歌)〉를 지었다고 나오는데, 〈은적암영계도〉에서는 〈도수사〉와 〈논학문〉만을 언급하고 있다. 〈논학문〉은 〈동학론〉과 같은 내용으로서 서로 통용되는 명칭이었다.

** 동학의 강필 전통에 대해서는 박병훈, 「동학 강필 연구」, 『종교연구』80-1, 한국종교학회, 2020, 235-252쪽을 참조하라.

교룡산 은적암터(남원)

없이 적어낸 강필(降筆)의 결과임을 강조하는 것이라 할 수 있다.

『侍天敎宗繹史』——

是歲十一月, 遂與崔仲義, 發向至湖南之南原, 憇于徐公瑞家. 甫旬餘, 轉至隱寂菴. 是時萬山深處, 大衆齊集, 開甘露之法門, 演揚玄旨. 據金剛之寶座, 暢發眞詮, 釋迦世尊雙樹示寂之身, 宛然復現, 主乃犂然而喜. 淨居一寮, 深夜支枕, 諸緣頓息, 萬籟俱定. 靈靈然若有感應, 遂扶乩而作道修詞·論學文, 以寓咏歎之意.(第一編 第五章〈大神師執贄〉)

13

거천에 용이 걸치다

巨川亘龍圖

임술년(1862) 7월, 제세주가 서산의 박대여를 방문하고 돌아오려 할 때였다. 이날 밤 크게 비가 내려 거천(巨川)에 물이 몇 장(丈) 이상 이나 불어났으나, 제세주가 말을 채찍질하여 건너는데 그 물이 말 정 강이에도 미치지 못했다. 사람들이 다투어 모여 그 광경을 보았다. 또 한 커다란 이무기가 있어 수면에 가로로 걸치니 등이 널다리와 같 았다. 제세주가 다 지나간 뒤 유유히 사라졌다.

壬戌七月, 主訪西山朴大汝而還. 是夜大雨, 巨川漲過數丈餘, 策馬 以渡, 水不及脛. 人爭聚以觀之. 又有一大螭龍, 橫亘水面, 背若板橋, 過了因悠然而逝.

해제 ――

1862년(임술) 3월에 수운은 호남으로부터 경주로 돌아온다. 경주로 돌아오고 난 뒤 대체로 세 가지 비범한 일을 겪게 된다.

먼저, 경주부 현서면으로 돌아온 수운은 백사길의 집에 머무르다 다시 박대여의 집에 도착하였다. 당시까지만 해도 경주의 동학도들 은 수운이 아직 호남에 있을 것이라 여겼지만 해월만이 감응을 얻고 박대여의 집을 찾아와 수운을 대면하게 된다. 본서에서는 생략하고

■ 거천巨川: 형산강 본류인 경주 서천(西川). ■ 장丈: 길이의 단위. 10척(尺)에 해 당한다. ■ 이룡螭龍: 이무기. ■ 판교板橋: 널다리. ■ 유연悠然: 여유롭고 편안함.

있지만, 『회상영적실기』에서는 〈잠거시령도(潛居試靈圖)〉를 통해 수운과 해월의 기이한 상봉을 묘사하고 있다.

둘째, 그해 7월쯤에 수운이 현서면 강원보(姜元甫)의 집을 방문하고 돌아오는 길에 회곡의 큰 방죽에 이르렀을 때 갑자기 둑이 무너져 내렸으나 이내 한줄기 태양빛이 말과 사람을 호위해 줘서 평지처럼 안전하게 지나갈 수 있었다는 것이다. 이 에피소드 역시 본서의 도설에는 생략되어 있으나 『회상영적실기』에서는 〈마경언탑도(馬驚堰塌圖)〉를 통해 당시의 이적을 도설하고 있다.

셋째, 서산(西山) 박대여의 집에 들렀다 돌아오는 길에 큰비가 내려 서천(西川)*이 넘칠 정도였는데, 수운은 아랑곳없이 말을 재촉하여 물을 건넜음에도 물이 말의 정강이에도 차오지 않았고, 또한 커다란 이무기의 등이 널다리가 돼 주어 유유히 건널 수 있었다고 한다. 이 설화는 본서의 〈거천긍룡도〉와 『회상영적실기』의 〈거천책마도(巨川策馬圖)〉로 각각 배치되어 있으나, 전자는 강물에 걸쳐져 있어 다리 역할을 해주는 용의 이미지를 강조하는 반면, 후자는 용에 대한 설명과 이미지를 생략한 채 도강하는 말의 모습에 주목하고 있다.

---

* 『시천교종역사』에서는 거천(巨川)을 경주부 서천이라고 주석하고 있다.

『侍天教宗繹史』──

主又訪西山內朴大汝家還. 是夜大雨, 巨川[慶州府西川]漲過數丈餘, 策馬以渡, 水不及脛, 人爭聚以觀之. 有一大螭龍, 橫亘水面, 背若板橋, 過了因悠然而逝. 自此人謂主之天神造化, 不可思議, 信仰者日益甚衆.(第一編 第六章 〈靈氣發現〉)

14

북천에 뜬 무지개

北川彩虹圖

임술년(1862) 9월, 제세주가 서학의 지목을 받음으로 인해 경주부로 붙잡혀 들어왔다. 제자 10여 인이 좇아왔다. 북천을 건너는데 마침 한 줄기 상서로운 기운이 무지개와 같이 길게 걸쳐 하늘과 땅을 비추어 주를 감싸서 지키며 내려왔다. 냇가의 빨래하는 여인들이 다투어 일어나 이를 가리켜 보며 이상히 여겼다. 모두 제세주를 향해 늘어서서 함께 절하였다.

壬戌九月, 主因僞學之目, 被逮入慶州府, 徒弟十餘人隨. 將渡北川, 適一道瑞氣, 綿亘若彩虹, 光天燭地, 擁護而來. 川邊漂女, 競起指視而異之. 皆向主羅拜.

해제 ──

1862년 9월 동학의 문도가 천여 명에 이르자 경주부에 있던 윤선달(尹先達)이 경주부의 영장(營將)과 모의하고는 정학(正學)에 반하는 거짓 학문을 유포하고 있다는 구실로 수운을 체포하여 가두고자 했다. 본서의 〈북천채홍도〉는 피체된 수운과 십여 명의 종도가 북천을 건널 때 일어났던 이적을 묘사하고 있다. 내용에 따르면 상서로운 기운이 채색 무지개처럼 길게 비치며 주변을 밝히자, 북천 물가에서 빨

■ 위학僞學: 삿된 학문. 곧 서학(西學). ■ 면긍綿亘: 실처럼 길게 끊임없이 뻗쳐이어짐. ■ 채홍彩虹: 무지개. ■ 표녀漂女: 빨래하는 여자. ■ 나배羅拜: 여럿이 늘어서서 절함.

래하던 여인들이 상서로운 기운을 감지하고는 수운에게 일제히 절을 올렸다고 한다. 〈북천채홍도〉의 이야기는 여기에서 끝나지만, 북천가에 서렸던 상서로운 기운은 뒤이어 벌어질 수운의 무혐의 처분과 지방관의 치유 이적을 암시하는 것이었다. 본 도설은 『회상영적실기』의 〈서기긍천도(瑞氣亘天圖)〉와 대체로 일치한다.

『侍天敎宗繹史』 ──

秋九月, 慶州府有尹先達, 素是陰險奸猾者也. 密囑於本府營將曰, 此鄉有崔先生者, 其徒弟數千. 若目之以僞學, 拿致枷囚, 則其徒必贖以重賂. 營將聽而甘之, 發校逮捕. 時九月二十九日也. 主怡然而俱, 徒弟十餘人, 隨行至北川臨渡, 東邊漂女百餘人, 一時起立, 指視曰, 有一道瑞氣, 綿亘若彩虹, 光天燭地, 擁護而來. 因向主羅拜.(第一編 第七章 〈解繫演道〉)

15

천녀가 가르침을 듣다
天女聽講圖

임술년(1962) 10월, 제세주가 용담정사로 돌아왔다. 일찍이 깊은 밤에 책을 읽으며 주문을 염하는데, 문도가 들어와 고하였다. "오늘밤 동천에서 상서로운 기운이 나타나, 영롱히 빛을 발하였습니다. 한 부인이 있어 구름을 타고 운계를 이고 수의를 입었습니다. 결가를 하며 나뭇가지 끝에 단정히 앉아 있으니, 이는 구천현녀가 제세주의 가르침에 참여하여 듣는 것이 아닌가 합니다."

제세주가 말했다. "현녀가 나뭇가지 끝에 앉아 있는가? 그대의 마음속에 있는가?" 문도가 답하지 못하였다.

壬戌十月, 主還龍潭精舍. 嘗深夜讀書念呪, 門徒入告曰, "今夜洞天見瑞氣, 玲瓏放光. 有一位夫人, 載雲髻被銖衣, 結跏端坐於樹杪, 疑是九天玄女參聽." 主曰, "汝知玄女在於樹杪乎? 在於汝心乎?" 門徒無以應.

해제 ———

1862년 10월 수운은 다시 구미산의 용담정으로 돌아온다. 1861년 11월에 호남으로 떠났다가 거의 1년이 다 되어서야 돌아온 것이다. 본서의 〈천녀청강도〉는 앞서 살펴본 〈거천궁룡도〉 및 〈북천채홍도〉

■ 염주念呪: 주문을 염함. 마음으로 기원함. ■ 동천洞天: 신선이 사는 곳. 경치가 좋은 곳을 비유적으로 이르는 말. ■ 구천현녀九天玄女: 황제와 치우가 싸울 때 서왕모가 황제를 돕도록 보내준 신녀神女.

와 마찬가지로 수운의 주변에서 일어났던 이적들을 도설하고 있다. 본문에 묘사된 것처럼, 수운이 용담정에서 밤늦도록 독서와 주문을 염송하고 있던 중 갑자기 밝은 서기가 빛나는 가운데 천녀가 구름을 타고 내려와 나무 위에 걸터앉은 채 수운이 책 읽는 소리를 듣고 있었다는 얘기이다. 이 소재는 『회상영적실기』에도 동일한 도설로 구성되어 있다. 『도원기서』에는 수운의 독서 소리를 들은 주체가 녹의홍상(綠衣紅裳) 차림을 한 미녀였다고만 기록하고 있으나 『시천교종역사』를 비롯한 시천교 계열의 도설서에서는 수운의 독서와 주문 소리에 감응한 대상이 구천현녀(九天玄女)였다고 밝히고 있다.

『侍天教宗繹史』─────

冬十月五日, 主還龍潭精舍, 發文布諭諸生[文見濟世主年譜]. 蓋以新進門徒, 心柱未固, 妄施靈符, 慮有無根說話去益熾熖. 故欲其勉勵於守正之訓, 夙夜靡懈也. 主嘗深夜讀書念呪, 門徒入告曰, 今夜洞天, 見瑞氣玲瓏放光中, 一位夫人戴雲髻被銖衣, 結跏端坐於樹杪. 疑是九天玄女參聽主之讀書聲. 主曰, 汝知玄女在於樹杪乎, 在於汝心乎. 門徒無以應, 啓匕以視, 裊裊璇風, 總是空花而已. (第一編 第七章 〈解繫演道〉)

16

필법이 신묘한 경지에 들다
筆妙入神圖

계해년(1863) 3월, 제세주가 둘째 아들 세청 및 여러 제자들에게 서법을 가르치며 연마하였다. 기묘함을 넘어 신이한 경지에 들어서니, 비록 자획을 분간하지 못하는 아이들이라 할지라도, 앞에서 써 보라고 명하면 곧 그 자획이 제세주가 쓴 것과 한 오라기도 차이가 나지 않았다. 이를 들은 이가 그를 이상히 여겼다. 제세주가 마침내「필법」한 편을 지었다.

癸亥三月, 主與第二嗣世清, 及諸門徒, 講研書法. 出妙入神, 雖兒曹之不分字畫者, 命之前書, 則其字畫榜樣, 與主所書, 毫無差爽, 聞者異之. 主遂著「筆法」一編.

해제 ———

〈필묘입신도〉에 담긴 내용은 1863년 3월의 일이지만 그보다 앞선 1862년 11월 9일의 일화가 도설의 전제가 된다. 『도원기서』에 의하면, 수운이 흥해 매곡에 있는 손봉조(孫鳳祚)의 집에 거할 때에 지필묵과 종이를 갖춰 오게 한 뒤, 손수 밤늦도록 붓을 놀려도 글자를 이루지 못하고 난필에 그치고 말았다고 한다. 수운이 답답한 심정에 하늘에 고하였더니 상제는 '후에 붓을 내려줄 것이니 그때 아동과 더불어

■세청世清: 수운의 차남으로서 장남인 세정(世貞)의 아우. ■아조兒曹: 아이들.
■방양榜樣: 모범, 본보기. ■차상差爽: 어그러짐.

쓴다면 글을 이룰 것'이라는 응답을 내렸다고 한다.

그로부터 넉 달이 다 돼 가는 1863년 3월 그 '때'가 찾아왔다. 『시천교종역사』에 따르면, 당시 수운은 둘째 아들 세청(世淸)을 비롯한 여러 학동들에게 글씨 쓰는 법을 가르쳤는데 며칠 뒤 신묘한 지경에 이르렀고 영험한 부적을 완성할 수 있었다고 한다. 아울러 〈필묘입신도〉의 해설에도 나와 있듯이, 글과 획을 분간할 줄 모르던 아동들임에도 불구하고 수운의 필법에 맞춰 그대로 따라할 수 있었다고 한다. 이때에 이르러 수운이 「필법」을 완성하였다. 『동경대전』에 전하는 「필법」은 만법(萬法)이 하나의 점(一點)에서 비롯되는데, 그 근본은 안심정기(安心正氣), 즉 마음을 편안하게 하고 기운을 바르게 하는 데에 있음을 강조한다. 결국 필법은 단순한 글자 연습이나 필체의 모방이 아니라 마음을 지키고 기운을 바르게 하는 수련의 방식으로 이해된 것이다. 곧 수련을 통한 신령의 감응이 보장될 때 진정한 의미의 필법이 완성되는 것이었다.

본서의 〈필묘입신도〉에 대응되는 『회상영적실기』의 도설은 〈한이서법도(閒肄書法圖)〉이다. 두 도설 모두 신묘한 경지에서 아동들이 필법을 완수하는 장면을 묘사하고 있으나 해설에 있어서는 서로 차이를 보인다. 〈한이서법도〉가 1862년 11월에 필법을 이루지 못한 채 상제로부터 후일 필법의 완성을 기약 받는 내용을 다루고 있는 것에 반해, 〈필묘입신도〉는 1863년 3월 영험한 감응을 얻어 필법을 완성하였다는 내용을 싣고 있다.

『侍天敎宗繹史』───

　是歲春三月, 主與第二嗣世淸, 及金春發·成一圭·河漢龍·姜奎諸人, 講硏書法. 不幾日出妙入神, 如鸞漂鳳泊, 驥奔猊抉. 凡靈書弓乙篆得意磔波之際, 所居龍潭精舍棟樑, 掀撼旋轉, 久而後止. 雖兒曹之不分字畫者, 承命前書, 則其字畫榜樣, 與主所書, 毫無差爽. 聞者愈益神異之, 競相來學. 主遂著有筆法一章. (第一編 第七章 〈解繫演道〉)

17

편액을 내리고 시를 읊다
賜匾吟詩圖

계해년(1863) 6월, 주가 특별히 큰 편액을 써서 여러 제자들에게 나누어 주었다. 또 다음의 시구 한 구절을 얻었다. "용담(龍潭)의 물이 흘러 사해의 근원이 되고, 구악(龜岳)에 봄이 돌아오니 온 세상이 꽃이로다."

癸亥六月, 主特書大匾, 分賜諸門徒. 又得一句. 詩曰, "龍潭水流四海源, 龜岳春回一世花."

해제 ――

본서의 〈사편음시도〉는 『회상영적실기』에는 없는 도설이다. 도설의 내용에 나와 있듯이, 1863년 6월 수운은 커다란 편액을 손수 쓴 다음 여러 문도들에게 나누어 주었다. 그리고 다음 달인 7월에* 의미심장한 뜻을 담은 칠언절구의 시를 그들에게 내려주었다. 그 시구는 수운이 체포되기 다섯 달 전에 남긴 것으로서 자신의 종교적 인생과 동학의 구심점을 상징적으로 보여주고 있다.

용담의 물이 흘러 사해의 근원이 되고　　　龍潭水流四海源

■ 용담龍潭: 수운의 거처인 경주 구미산의 용담정. ■ 구악龜岳: 용담정이 자리 잡고 있는 구미산.
* 『시천교종역사』의 기록에는 수운이 현판 글씨를 써서 제자들에게 나눠준 것이 1863년 6월의 일이고, 칠언절구의 시를 내려준 것이 그 다음 달인 7월의 일이었다고 적혀 있다.

구악에 봄이 돌아오니 온 세상이 꽃이로다 龜岳春回一世花

위 시구를 이해하기 위해서는 수운의 종교적 편력을 잠시 되짚어 볼 필요가 있다. 울산에서 신승으로부터 기도서인 천서를 받고(1855), 그 가르침대로 양산 천성산에 입산하여 하늘에 기도한 뒤(1856~1857), 고향인 구미산 용담으로 들어와(1859) 끝내 득도를 이루고(1860), 관의 지목을 피해 남원 교룡산 은적암으로 들어가(1861) 강화를 얻은 후, 다시 구미산 용담으로 귀환하여(1862) 포덕을 지속하다 관에 의해 피체된 뒤(1863) 종교적 인생을 마감하기까지(1864), 수운에게 있어 경주 구미산과 용담정은 남다를 수밖에 없는 공간이자 장소였다.

수운의 종교적 인생에서 1) 양산 천성산 내원암에서의 기도 2) 구미산 용담정에서의 득도 3) 남원 교룡산 은적암에서의 경전 집필 4) 구미산 용담정에서의 포덕과 피체 등이 주요한 고비였다고 할 수 있는데, 그 중에서도 2)와 4)가 주목되며 1)과 3)은 그것을 예비하는 탐색과 방황의 과정이었던 것으로 여겨진다. 그만큼 용담정과 구미산은 동학의 가르침이 완성되고 전수된 종교적 근원이자 중심 상징인 셈이다. 용담의 물이 흘러야 사해를 이루고, 구악(구미산)에 봄이 와야 세상의 봄도 시작된다는 고백 속에는 동학의 공간적 중심성과 우주론적 시원성에 대한 자부심이 담겨 있다고 할 수 있다.

『侍天教宗繹史』——

六月, 主特書匾額, 分賜于各處門徒. 期以七月輙接, 其時會集爲
五十餘人. 主有詩一句曰(龍潭水流四海源, 龜岳春回一世花), 又有寶箴[詳
見大全].(第一編 第七章〈解繫演道〉)

18

대신사에게 전발을 전하다
劍岳傳心圖

계해년(1863) 8월 14일 밤, 제세주가 좌우를 물리치고 대신사(해월 최시형)에게 일렀다. "지금 마땅히 대도를 그대에게 전하여 줄 것이다." 다음날 새벽, 대신사에게 '수명(受命)' 두 글자를 쓰도록 하고, 천주에게 고하여 결(訣)을 받도록 하였다.

癸亥八月十四日夜, 主屏左右, 謂大神師曰, "今當以大道, 傳授於君." 翌曉仍令大神師書'受命'二字, 告于天主, 使之受訣.

해제 ──

해월(海月) 최시형(崔時亨, 1827~1898)은 검등골로 불리는 검곡(劍谷)*에 살면서 34세가 되던 1861년에 동학에 입도하였다. 그 이후 영덕과 영해 지역의 포덕에 힘쓰다 1863년 7월에 북도중주인(北道中主人)으로 임명받고, 다음 달 8월에 수운으로부터 도통을 전수받기에 이른다.

수운이 해월에게 제시한 전발(傳鉢)**의 증표는 크게 두 가지이다. 첫째, 수운은 수심정기(守心正氣)***넉 자를 써주며 널리 병자를 구제하는

──────────

■ 전심傳心: 마음으로 도를 전수해주는 것으로서 여기에서는 스승이 제자에게 도통을 전수해 주는 전발(傳鉢)의 의미와 상통.
* 해월이 입도 당시 화전을 일구며 살던 지명으로 현재 경북 포항시 북구 신광면 마북리 일대
** 스승이 자신의 의발(衣鉢)을 후계자에게 전해주는 행위로서 도통의 전수를 의미한다.
*** 마음을 지키고 기운을 바르게 한다는 의미로 동학에서 강조하는 핵심적인 실천수행법.

데에 사용하라고 당부한다. 주지하다시피 수심정기는 초기 동학의 핵심적인 실천 강령으로 강조되었던 것인데, 이것을 굳이 치병에 활용하라 했던 것은 네 글자가 담고 있는 의미 못지않게 필법의 부서(符書)로서의 의의에 주목했기 때문일 것이다. 둘째, 수운은 해월에게 '수명(受命)'이라는 두 글자를 쓰게 하고는 하늘에 고한 뒤 강결(降訣)을 얻어낸다. 도를 전하는 의식에 하늘의 명령을 개입시킴으로써 전발 의식의 정통성과 신성성을 부각시켰다고 할 수 있다.

『회상영적실기』의 〈도통전수도(道統傳授圖)〉의 내용은 위의 두 가지 내용을 모두 기술하고 있으나 본서의 〈검악전심도〉는 두 번째 내용만을 묘사하고 있다. 〈검악전심도〉에는 명을 받는 행위(受命)와 결을 받는 행위(受訣)를 대응시키고 있지만, 수결의 내용을 구체화시키지 않고 있다. 『도원기서』나 『시천교종역사』에 의하면, 당시의 강결은 "용담에 물이 흘러 사해의 근원이 되고, 검악 사람에겐 변치 않는 굳센 마음이 있네(龍潭水流四海源, 劍岳人在一片心)"라는 내용이었다. 수운이 거하던 용담이 동학의 교화가 출발하는 중심이라면 해월이 거하던 검악(검곡)은 동학의 가르침을 단단히 이어갈 신앙의 중심으로 표상되었던 것이다.

한편, 동학 교단에서는 수운으로부터 해월에게로 도통이 전수된 8월 14일을 의미 있는 기념일로 준수하는 전통이 있었다. 천도교의 경우, 수운의 득도일(4월 5일)을 천일(天日)로, 해월의 승통일(8월 14일)을

검곡 일대 전경(포항)

검곡의 해월 집터(포항)

지일(地日)로, 의암의 승통일(12월 24일)을 인일(人日)로 간주하였고, 시
천교 계열 상제교 전통에서도 해월의 승통일을 특별한 기념일로 지
켰다.

『**侍天敎宗繹史**』──

北接道主大神師適至, 主甚喜. 翌日夜三更, 主呼大神師曰, 君可斂
膝安坐. 師如其敎. 主曰, 君之手足能自屈伸乎. 師精神昏塾, 噤不能
對, 痲不能作. 主熟視而笑曰, 君何如是. 師良久乃勵精對曰, 莫知端倪
也. 主曰, 此造化之大驗, 君我靈氣相通故也. 翌十五日淸晨, 主演三敎
玄旨. 其在一切崇拜之義, 宜用合祭之儀. 又以守心正氣靈符授之, 戒
以普濟病人. 仍令大神師搦管降乩, 有以受命二字, 告于天主而使之受
訣. 其訣曰(龍潭水流四海源, 劍岳人在一片心). 因謂師曰, 此係君之來頭
事, 凜遵勿替. 吾受天主之命, 授君以傳鉢具足之戒也. 自是敎人之來
謁者, 必先由劍谷, 始乃贄謁于龍潭之門, 以爲定規焉.(第一編 第八章〈
劍岳傳心〉)

19

태양빛이 넓적다리에 달라붙다

太陽着股圖

계해년(1863) 11월, 제세주가 일찍이 밤에 꿈을 꾸었다. 태양이 한 줄기 빛을 발했는데, 그 빛이 왼쪽 넓적다리에 와 붙었다. 다음날 아침에 넓적다리를 보니, 과연 자흑색 햇무리와 같은 흔적이 있었다. 3일이 지나도록 사라지지 않았다.

癸亥十一月, 主嘗夜夢. 太陽放出一線, 來着左股. 翌朝視之, 果有紫黑暈. 經三日不消.

해제 ——

〈태양착고도〉는 『회상영적실기』에 없는 도설로서 수운이 1863년 12월 선전관 정운구(鄭雲龜)에 의해 피체되기에 앞서 장차 자신에게 닥쳐올 비운을 예감하며 꾸었다는 꿈을 바탕으로 한다. 꿈에 한줄기 태양이 왼쪽 허벅지에 닿더니 불로 변하여 밤새도록 인자(人字) 모양을 이루더니 3일간 검붉은 흔적이 지워지지 않은 채 계속되었다는 것이다. 『시천교종역사』는 수운이 자신의 꿈을 상서롭지 못한 전조로 이해하고는 이제 자신에게 내렸던 강화의 명을 거둬달라고 하느님께 청원하였다고 짤막하게 덧붙이고 있다.

■ 익조翌朝: 다음날 아침.

『侍天敎宗繹史』——

主夜夢, 太陽放出一線, 來着左股, 而變爲火, 終夜成人字形. 翌朝視
之, 果有一紫黑暈, 經三日不消. 心知其不祥, 乃告于天主, 乞寢降話之
命.(第一編 第九章 〈濟世主歸天〉)

20

말발굽이 땅에 붙다
馬蹄膠地圖

계해년(1863) 12월, 선전관 정구용이 임금의 명을 받아 내려와 경주 관군 수백 명을 이끌고 용담의 마을 입구를 포위하였다. 제세주와 맏아들 세정과 문도 수십 인을 체포하여 팔다리를 묶어, 영천군으로 끌고 갔다. 나졸들이 서학의 무리로 지목하였기에 그 언사가 심히 공손치 않았다. 제세주가 탄 말의 발굽이 갑자기 땅에 붙어 움직이지 않으니 여러 나졸들이 두려워하며 용서를 빌었다. 이에 말발굽이 나아갔다.

癸亥十二月, 宣傳官鄭龜鎔奉命下來, 率慶州官軍數百人, 包圍龍潭洞口. 逮捕主及長子世貞, 與門徒數十人, 手鐐足栲, 間關至永川郡. 邏隷目之以僞學黨, 辭甚不恭. 主所騎馬蹄忽膠地不動, 諸隷懼而乞恕. 於是馬蹄乃展.

해제 ——

〈마제교지도〉는 1863년 12월, 동학의 교조 수운 최제우가 용담에서 체포되는 과정과 그 뒤 경주에서 서울로 압송되는 첫 길목인 영천에서 벌어졌던 에피소드를 묘사하고 있다. 제목의 내용과 이미지의 묘사에 있어서는 본서의 〈마제교지도〉와 『회상영적실기』의 〈마제점

■선전관宣傳官: 왕의 시위(侍衛)・전령(傳令)・부신(符信)의 출납 등을 맡았던 근시(近侍) 무관직. ■간관間關: 멀고 험한 길을 가다.

지도(馬蹄粘地圖))가 서로 통한다고 할 수 있다. 그러나 〈마제교지도〉가 용담정에서의 체포 과정과 영천에서의 사건을 하나의 도설에 담고 있는 반면, 『회상영적실기』는 두 과정을 〈용담취체도(龍潭就逮圖)〉와 〈마제점지도〉로 각각 나누어 구성하고 있다. 용담에서 제자들과 체포된 최제우가 경주를 떠나 영천에 이르렀을 때, 그곳의 하졸들이 동학을 거짓 학문(僞學)으로 간주하며 이단시하는 불경을 저지르자, 죄인을 압송하는 수레를 끄는 말의 발굽이 땅바닥에 달라붙어 앞으로 나아가지 못함으로써 공무가 집행될 수 없는 상황에 이르렀고, 급기야 두려움을 느낀 나졸들이 자신들의 불경스런 언행에 대해 용서를 구하자 문제가 해결되었다는 것이다. 이 에피소드는 동학의 교조가 비록 국가에 의해 징치를 당했다 하더라도, 그것이 좌도난정과 혹세무민과 결코 무관함을 항변하는 설화였으리라 판단된다.

　당시 조정에서 보낸 선전관의 이름에 대해서는 동학 문헌 산의 약간의 차이가 확인된다. 시천교 계열의 두 도설서에서는 모두 정구용(鄭龜鎔)으로 표기하고 있으나 『도원기서』에서는 정구룡(鄭龜龍)으로 기록하고 있다. 당시 공식 관찬 기록인 『승정원일기』나 『고종실록』에서는 경주로 파견한 선전관을 정운구(鄭雲龜)라고 적고 있다. 『승정원일기』에 의하면 선전관 정운구가 왕으로부터 하명을 받은 것이 1863년 11월 20일이었고, 정운구가 최제우를 비롯한 그의 제자 23인을 체포한 정황을 담은 서계(書啓)가 조정에 당도한 것이 그해 12월 20일이었다. 경주에서 피체된 수운은 영천-대구-선산-상주-보은-청산-청주 등을 거쳐 과천에 이르렀으나 철종이 승하하는 국상이 나는 바람에 감영이 있는 대구로 이배되어 처결을 받아야 했다.

『侍天敎宗繹史』──

俄而宣傳官鄭龜鎔下來, 率慶州官軍數百人, 包圍龍潭洞口, 逮捕甚急. 主長子世貞及門徒, 同時被繫者凡數十人.

行至永川郡, 邏隷目之以僞學人, 辭甚不恭. 主所騎馬蹄忽粘地不動, 隷輩懼而乞恕, 於是馬蹄乃展.(第一編 第九章〈濟世主歸天〉).

21

감영이 진동하다

營廨震動圖

갑자년(1864) 1월, 제세주가 잡혀 대구감영에 묶여 있을 때, 관찰사 서헌순이 재판을 열어 다시 심문하였다. 단지 곤장 몇 번에 하늘에 큰 우뢰가 있어 집채가 흔들렸다. 좌우에 실색하지 않는 이가 없고, 관찰사 역시 놀라 마침내 형을 멈추고 다시 가두라 명했다.

甲子正月, 主被係于大邱營獄時, 按使徐憲淳, 開庭再審. 纔下數杖, 天有殷雷, 屋宇震動. 左右莫不失色, 按使亦驚, 遂命停刑還囚.

해제 ——

『시천교종역사』에 따르면, 수운 최제우가 과천에서 대구 감영으로 되돌아와 하옥된 것이 1864년 1월 6일의 일이다. 그리고 그 달 20일에 경상 관찰사 서헌순(徐憲淳)이 선화당(宣化堂)에서 1차 심문을 개시하였다. 그 뒤 2차 심문을 재개한 것이 열흘 뒤라 했는데, 본문에서 거론한 "재판을 열어 다시 심문하였다"는 때가 이때를 가리키는 것으로 보인다. 아마도 본문에서 묘사한 2차 심문 과정에서의 에피소드는 2월 초하루의 일이었으리라 짐작된다. 본문에 묘사되어 있듯이, 2차 심문 과정에서 형장이 몇 회 진행되자 굉음이 울리고 집채(선화당)가 흔들려서 형신이 멈춰졌다고 하는데, 『도원기서』에서는 이때 수운의

■ 영해營廨: 감영(監營). 관찰사가 거처하는 관청. ■ 안사按使: 관찰사(觀察使)를 이르는 말. 자사(刺使). 순사(巡使). 순상(巡相). ■ 실색失色: 놀라 얼굴이 질리다.

허벅지 뼈가 부러졌다고 기록하고 있다.

『侍天敎宗繹史』──

甲子[前李朝李太王元年]正月六日, 拘禁于大邱營獄. 巡察使徐憲淳, …
後十日開庭再審, 纔下數杖, 忽有聲轟殷如雷, 屋宇震動. 左右莫不失
色, 巡使亦大驚, 遂命停刑還囚.(第一編 第九章〈濟世主歸天〉)

22

어려움을 당하여 귀천하다

遭難歸天圖

관찰사가 연유를 갖춰 상주(上奏)하니, 요사한 말로 백성을 미혹시
킨다는 이유로 죄목을 정하였다. 갑자년(1864) 3월 10일, 마침내 제세
주가 대구부 아미산 아래에서 어려움을 당하였다. 천지에 모두 비가
내렸고, 해가 구름에 가려 참담하였다.

按使具由啓聞, 以妖言惑民, 案法定罪. 甲子三月十日, 遂遭難于大
邱府峨嵋山下. 天地皆霆, 雲日慘淡.

해제 ──

〈조난귀천도〉는 수운 최제우가 1864년 3월 10일 대구 관덕정 앞
에서 참형을 당하고 효수된 순도 사건을 다룬다. 『회상영적실기』에
도 동일한 에피소드를 〈관덕당수형도(觀德堂受刑圖)〉로 배치하고 있
다. 동학의 후예들은 그날을 교조의 수난일로 기념하고 있다. 조정에
서는 동학이 서양의 술수를 답습하고는 명목만 바꾼 채 사람들을 현
혹시켰다고 성토하였다. 본문에는 '요언혹민(妖言惑民)'했다는 구실로
결안을 받았다고 했는데, 아마도 요사스런 말이나 글로 대중을 유혹
했다고 지목될 경우에 적용되었던 '조요언요서(造妖言妖書)' 조목에 의
거 정죄되었을 것이다.*

■계문啓聞: 신하가 정무에 관해 글로 임금에게 아뢰는 일. 계품(啓稟)·계달(啓
達)·계주(啓奏). ■아미산峨嵋山: 대구성 남문 밖의 형장으로 사용되었던 산.
* 당시의 정황을 기록한 『일성록』에 따르면 수운의 죄상은 주문, 요언선동, 서학

본서의 〈조난귀천도〉나 『회상영적실기』의 〈관덕당수형도〉는 모두 수운의 참혹한 행형 장면을 묘사하고 있다. 〈조난귀천도〉는 10명의 인물을 묘사하고 있다. 우선, 상단부에는 누대에 앉아 있는 형장을 관장하는 인물 1명과 난간에서 보좌하는 인물 2명이 보인다. 중하단부에는 형장을 구체적으로 묘사하고 있다. 장대 아래 중앙에는 무릎을 꿇린 수운이 자리 잡고 있으며, 그 주위로 수운을 위협적으로 겨냥하며 망나니 세 명이 돌고 있고, 효수대 줄을 당기거나 수운의 오랏줄을 잡고 있거나 형장을 전체적으로 지켜보고 있는 관원 세 명이 주위에 서 있다. 한편 한국에 들어와 활동한 일인 화가 시미즈 도운(淸水東雲)이 1911년에 그린 〈최제우 참형도〉가 전해지고 있는데,* 아마도 두 도설서의 형장 묘사에 영향을 주었을 것으로 짐작된다.

한편, 수운이 처형된 관덕정은 구암 김연국이 이끌던 상제교(1925년 시천교총부에서 개명된 교명)에서 거금을 들여 사들이고 상제교당을 짓고 뜰 안에 처형의 전말을 새긴 비석도 세웠다고 한다.**

담습, 부적, 검무, 작당, 강령술 등으로 거론되었다. 『日省錄』高宗 元年 甲子 二月 二十九日 庚子. "福述則本以么麼之類 敢懷謊誕之術刱造呪文 煽動妖言爲天之術 云斥彼而反襲邪學 布德之文 故餙僞而陰售禍心 弓藥謂出祕方 劍舞唱播兒歌 平世思亂 暗地聚黨 動稱鬼神 降敎其術 則河內風角 擧使錢穀 來遺厥類焉"

* 황정수, 『일본 화가들 조선을 그리다』, 이숲, 2018, 138쪽.
** 『신인간』 338호(1976년 7월), 「최수운 교조께서 참형 당하신 대구장대 유적을 찾아서」.

구암의 아들 김덕경이 그것을 이어받았으나 해방 이후 처분된 것으로 파악된다.*

『侍天敎宗繹史』———

二月二十九日, 巡使具由啓聞于朝. 以妖言惑民, 案法定罪, 遂遇害于大邱府峨嵋山下. 天地昏霾, 雲日慘淡. 時主降生四十一年三月十日也[陽四月十六日].(第一編 第九章〈濟世主歸天〉)

* 『신인간』 355호(1978년 3월), 「대구 관덕당」.

23

쌍무지개가 못에 걸치다

雙虹亘淵圖

제세주가 난을 당한 뒤, 제자들이 제세주의 유체를 거두어 수레로 경주 선영으로 향하였다. 자인현 서쪽 후연 주막에 이르러 깨끗한 방을 얻고 영구를 안치하였다. 이날 쌍무지개가 못에 걸쳤고, 유체에 아직도 온기가 조금 남아 있었다. 제자들이 엎드려 하늘에 기도하였다.

主遭難後門徒等, 收主之遺體, 轝向慶州故壠. 至慈仁縣西後淵店, 得淨室安靈櫬. 是日雙虹亙淵, 遺體尚有微溫. 門徒等俯伏禱天.

해제 ——

1864년 3월 10일 대구 관덕당에서 처형된 수운의 시신은 3일 후 장남인 세정과 몇몇 제자들에 의해 수습되어 경주 선산으로 운구되었다. 당시 세정과 함께 운구한 인물에 대해 『도원기서』는 김경필(金敬弼), 김경숙(金敬叔), 김덕원(金德元) 등으로, 『시천교종역사』는 김경숙(金敬叔), 김경필(金敬弼), 정용서(鄭用瑞), 곽덕인(郭德元), 임익서(林益瑞), 전덕원(全德元) 등으로 각각 기록하고 있다. 김덕원과 전덕원의 경우에는 필사 과정에서 어느 한쪽이 김(金)과 전(全) 사이에 착오를 일으킨 것으로 보인다. 교조의 시신을 수습한 일행은 대구를 떠나 지금의 경산 지역인 자인현의 서쪽 후연 주막에 이르러 묵게 되었다.

■ 고롱故壠: 선영 또는 선산. ■ 후연점後淵店: 지금의 경산 지역에 있던 후연 주막.

본문에서는 '후연점(後淵店)'으로 되어 있고 『도원기서』는 '후연주점(後淵酒店)'으로 되어 있는데 모두 후연 주막으로 불린 곳을 표현한 것이라 할 수 있다.

일행은 후연 주막에 방을 얻어 시신을 안치하였다. 『도원기서』의 기록에 따르면, 당시 주막의 주인이 운구 일행을 받고는 다른 행객을 일체 받지 않았다고 한다. 본문에 기술되어 있듯이, 시신을 정결한 방에 안치한 후 쌍무지개가 연못에 걸치고 유체에도 온기가 돌자 문도들은 회생의 기운을 감지하고 하늘에 기도를 드렸던 모양이다. 〈쌍홍긍연도〉는 『회상영적실기』의 〈쌍홍채운도(雙虹彩雲圖)〉와 유비되는데, 후자가 상서로운 기운을 자세하게 묘사하고 있어 『시천교종역사』의 서술에 좀 더 부합한다고 할 수 있다.

『侍天敎宗繹史』 ──

越三日, 巡使特宥有主之長子世貞, 使之出埋屍體. 世貞與門徒金敬叔·金敬弼·鄭用瑞·郭德元·林益瑞·全德元等, 同收主之遺體. 轝向慶州故壙, 至慈仁縣西, 後淵店, 店主慷慨揮淚, 懇請停輀. 留宿, 因得淨室, 移安靈櫬. 是日雙虹亘淵, 彩雲繞屋, 遺體微有溫氣, 全無劍痕. 紅線環繞, 異香襲人, 若將回甦, 門徒等俯伏禱天. 如是者凡三日, 虹消雲散, 面部倏變. 遂含斂發行.(第一編 第九章 〈濟世主歸天〉)

교곡의 옛무덤

橋谷舊壠圖

갑자년(1864) 3월 제세주가 난을 당하신 뒤, 3월 17일 제세주의 장조카와 양 사위 정울산이 밤을 틈타 경주부 가정리 구미산 아래 용담 앞 기슭의 교곡(다릿골)의 밭두둑 가에 임시로 무덤을 만들었다. 봉분도 만들지 않고 나무도 심지 않아, 평지와 같이 평평하였다. 순도 후 44년이 흐른 뒤에야 비로소 무성한 풀밭으로 변한 황야의 오랜 묘도를 행인이 가리켜 보였으니, 후학으로서 탄식할 뿐이다.

甲子三月, 自主遭難後, 同月十七日, 主之長侄及養女婿鄭蔚山, 乘夜權厝于慶州府柯亭里龜尾山下龍潭前麓橋谷之田壠上. 不封不樹, 夷爲平地. 迄于四十四載, 荒原宿阡, 鞠爲茂草, 行人指點, 後學興嗟而已.

해제 ———

〈교곡구롱도〉는 수운의 장남과 문도들이 대구로부터 경주 가정리로 운구해 온 교조의 시신을 수운의 장조카 세조(世祚)와 양사위인 정울산(鄭蔚山, 이름은 전해지지 않는다)이 구미산 용담정 아래 교곡의 밭두둑에 임시로 매장한 사실을 기록하고 있다. 당시 임시로 암장된 무덤은 1907년 10월 시천교 주도하에 면례(緬禮)가 치러지는데, 이때가

■ 정울산鄭蔚山: 수운의 양사위 정씨. 울산은 실명이 아닌 지역명이고 본명은 전해지지 않는 것으로 보임. ■ 국위무초鞠爲茂草: 무성한 풀밭이 되다. 『시경』 「소아(小雅)·소반(小弁)」에 "평탄하게 뚫린 길이 막히어, 무성한 풀밭이 되리라.〔踧踧周道, 鞠爲茂草〕"란 표현이 나온다. ■ 지점指點: 손가락으로 가리켜 보임.

수운 순도 후 44년이 되는 해였다. 본문의 말미에 묘사된 탄식은 이를 염두에 둔 것이라 할 수 있다. 〈교곡구롱도〉와 대비되는 것이 『회상영적실기』의 〈승야토감도(乘夜土坎圖)〉인데, 밤을 틈타 임시로 묏자리를 삼았다는 제목답게 달밤에 암장하는 장면을 묘사하고 있다.

『侍天敎宗繹史』──

門徒等慮其禍及, 皆中路拜歸. 惟主之長侄世祚, 自中路陪行, 至主之養女壻鄭蔚山[失名]家. 以三月十七日, 乘夜權厝于柯亭故里龜尾山下龍潭前麓橋谷田壠之上. 主之長子世貞, 流寓於江原道, 被捉於襄陽郡, 竟杖斃. 次子世淸因病死. 主之嗣續只有三箇幼媳而已. (第一編 第九章 〈濟世主歸天〉)

25

성묘와 장례
聖墓襄儀圖

정미년(1907) 10월 17일, 해산 대례사가 교도 염창순·박형채·김사영에게 명하여 선산 위의 미좌(未坐)향의 언덕에 다시 장사지내도록 하였다. 당시 와서 참여한 자가 수백 명이었다. 이후 신해년(1911) 5월 15일, 박형채가 대례사의 명을 받들어 경성 교당으로부터 기차에 석상 한 위를 실어 와 세웠다. 그 높이는 6척여이고, 대의 높이는 〈석상의〉 1/3이고, 둘레는 한 아름 반이다. 상은 미륵과 같이 관은 법관, 옷은 법의이다. 오른손에는 21개 구슬의 짧은 염주가 드리워져 무릎 위에 있다. 가슴 앞에는 '시천(侍天)['시侍' 자와 '천天' 자는 행을 바꿔 씀]교조 제세주의 묘'가 새겨져 있고, 후면에는 '강생 팔십팔년 오월 일 세움'이라고 새겨져 있는데, 강진희가 전각한 것이다.

丁未十月十七日, 海山大禮師命敎徒廉昌淳·朴衡采*·金士永, 前往移窆于故壠上未坐之原. 時來叅者數百人. 後辛亥五月十五日, 朴衡采承大禮師命, 自京城敎堂由氣車搭渾石像一尊往竪焉. 其高六尺餘, 臺高三之一, 圍一抱有半. 像如彌勒, 冠法冠, 衣法衣, 右手掛三七短珠垂在膝上. 前胷, 刻'侍天[分書]敎祖濟世主之墓', 後面刻'降生八十八

■양의襄儀: 장례. ■해산海山: 시천교 교주 이용구(李容九)의 호. ■이폄移窆: 무덤을 옮겨 다시 장사를 지냄. ■미좌未坐: 미방, 곧 남서(南西)쪽을 등지고 앉은 집자리나 묏자리. ■단주短珠: 구슬 수 54개 이하의 짧은 염주. ■강진희姜璡熙(1851~1919): 호는 청운(菁雲). 근대 전각의 대가.
* 采: 저본에는 '采'으로 되어 있으나, 『侍天敎宗繹史』에 의거하여 '采'로 바로잡았다.

年五月日立', 姜璡熙之篆也.

해제 ——

1906년 2월 일본에서 돌아온 의암 손병희가 천도교를 창교하면서 이용구 및 일진회 간부들을 출교하였다. 출교당한 이용구는 그해 10월 시천교를 세웠다. 시천교는 1906년 10월 28일 수운의 향례일에 교조 최제우를 제세주(濟世主)로 추숭하고, 1907년 7월 숙원이었던 수운과 해월의 신원을 일단락 지었으며, 1907년 10월 가매장된 채 44년간 수풀에 덮여 방치되었던 교조의 묘지를 이장하였다. 그리고 1911년 5월에 새로 단장된 묘지에 수운의 석상을 세우게 된 것이다. 본문에는 석상의 규모와 전후면의 전액(篆額)을 상세히 밝히고 있어 문헌적인 가치가 크다고 할 수 있다. 현재 경주 가정리의 수운 묘지에 서 있는 석상의 앞뒤 전각은 당시 예서와 전서에 능했던 강진희(姜璡熙, 1851~1919)의 작품으로서 100여 년을 넘긴 귀중한 문화유산이라 할 수 있다.

한편 의암 손병희와 함께 천도교 창교에 가담하며 대도주를 지냈던 구암 김연국이 의암과 결별하고 1907년 12월 19일 시천교로 들어와 대례사를 맡게 되었다. 따라서 본문에 나와 있는 1907년 10월 수운 묘의 이장에는 구암 김연국이 아닌 해산 이용구(1868~1912)가 대례사로서 일을 주도하였을 것이다.

다만, 1907년 12월을 기점으로 공식적인 대례사 직함이 이용구로부터 김연국으로 넘겨진 상황을 감안할 때, 1911년 5월 석상의 건립을 명한 대례사가 전직의 이용구를 가리키는 것인지 아니면 현직의 김연국을 지칭하는 것인지에 대해서는 점검이 필요하다. 당시 이용구가 병세에 시달렸고, 병조리를 위해 일본으로 건너간 상황이었음을 고려할 때 자칫 교단의 공식적인 대표자인 김연국을 의미하는 것이라고 판단할 수도 있다. 더욱이 〈성묘양의도〉와 내용상 유비되는 『회상영적실기』의 〈용담성묘도(龍潭聖墓圖)〉에도 구암(김연국)이 친히 묘를 살폈고 제세주의 석상을 세웠다고 묘사되어 있어 김연국설에 힘이 더욱 실릴 수도 있다. 그러나 다음 몇 가지를 고려할 때 본문상에 석상 건립을 명했던 이를 이용구로 보는 것이 타당하다고 본다. 첫째, 본 도설서가 구암 김연국의 시천교총부와 각을 세우고 있던 시천교본부의 발간도서임을 고려한 때 김연국의 행적은 의도적으로 배제되었을 가능성이 높다는 점에서 대례사는 이용구를 가리키는 것으로 봐야 할 것이다. 둘째, 시천교본부 소속의 교도들은 대례사직이 김연국에게 양도된 뒤에도 여전히 이용구를 대례사로 호칭했을 가능성이 높다. 가령, 이용구 사후 그의 영전고유식 축문에 '고해산대례사(故海山大禮師)'라는 직함이 공식적으로 사용되고 있는 점도 이를 방증

수운 묘역(경주)

시천교조제세주 석상(경주)

한다.˙ 셋째, 본문의 정황상 대례사는 명을 내렸을 뿐 현장에 동행하지는 않은 것으로 보이는데, 직접 현장에 동참하여 건립을 주도했다는 김연국(『회상영적실기』 〈용담성묘도(龍潭聖墓圖)〉)과는 내용상 거리가 있어 보인다. 이용구-송병준 라인에 밀착해 있는 박형채가 명을 받들었다는 대례사는 반목하다 끝내 결별했던 김연국이 아니라 이용구였을 것이다.

본서의 〈성묘양의도〉가 묘지의 석상만을 집중적으로 묘사하고 있는 반면 『회상영적실기』의 〈용담성묘도〉는 일반적인 선영도와 마찬가지로 묘지가 좌정한 산맥과 접근로를 넓은 시각에서 묘사하고 있다.

『侍天敎宗繹史』 ──

是歲十月, 公派遣廉昌淳·朴衡采·金士永等, 奉行濟世主宗襄于慶州郡柯亭里龜尾山下橋谷, 蓋主之殉道後四十四年也. 京鄕各包敎人多有誠心義捐者, 慶北觀察李忠求, 訓飭于慶州郡, 凡各修築等節一應知委, 月之十七日, 始奉安遺骸, 克竣葬儀.(第三編 第九章 〈兩師伸冤〉)

* 『至氣今至』1권 2호, 시천교종무본부, 1913. 7. 15, 48쪽.

26

해월 대신사의 진영
海月大神師眞像

海月大神師真像

대신사의 성은 최씨요, 이름은 시형이요, 아호는 경오이고, 호는 해월이며 경주 사람이다. 닌코천황 분세이 10년[전 조선 개국 437년], 정해년(1827) 3월 21일, 경주부 황오리에 태어났다. 제세주 종통을 이어 제2교조가 되었고, 후인들이 대신사로 받들었다.

師姓崔氏, 諱時亨, 表德敬悟, 號海月, 慶州人. 仁孝天皇文政十年[前李朝開國四百三十七年], 丁亥三月二十一日, 降生于慶州府皇吾里. 承濟世主宗統爲第二敎祖, 後人崇奉爲大神師.

해제 ——

제1도부터 제25도까지가 수운 최제우에 관한 도설이라면 제26도부터 제54도까지는 해월 최시형(1827~1898)에 관한 것이다. 1861년 수운의 제자가 되고 이태 뒤인 1863년 교조로부터 도통을 전수받은 해월은 1864년 교주 사후 34년간을 쫓겨 다니며 조직을 재건하고 정전을 발간해내며 동학을 이끌었던 2세 교주였다. 천도교에서는 '신사(神師)'로 불리지만 시천교 계열에서는 더 격상된 '대신사(大神師)'로 불린다.

경주에서 싹튼 동학의 불씨는 두 가지 진로로 확장되었다고 할 수 있다. 하나는 경주에서 호남으로 옮겨져 북진하는 방향이었고, 다른

■ 표덕表德: 별호, 아호.

하나는 경주에서 태백과 소백의 산중으로 숨어들었다가 호서를 향해 서진하는 기세였다. 드디어 북진하던 호남의 동학(남접)과 서진하던 호서의 동학(북접)이 두 손을 맞잡고 충청의 산과 들에서 만났던 것이 갑오년(1894) 동학혁명이었다. 해월은 경주를 떠나 영남과 강원의 산중을 크게 돌아 호서로 나아가면서 동학의 지도부를 꾸리고 구암 김연국, 송암 손천민, 의암 손병희 등 동학의 걸출한 후예를 길러냈다. 평생을 쫓겨 다니면서도 동학의 미래를 좌우할 만한 사인여천(事人如天)과 향아설위(向我設位)와 같은 독창적인 교설을 제시하였다.

〈해월대신사진상〉에 묘사된 해월의 진영이 어디에 기초하고 있는지에 대해서는 확언하기 어렵다. 1908년 심전(心田) 안중식(安中植)이 수운의 진영을 그릴 때 함께 그렸을지, 해월의 교수형 장면을 그렸던 일인 화가 시미즈 도운(淸水東雲)이 그의 초상화도 그렸는지 확인이 필요하다. 다만, 구암 김연국의 요청으로 수운의 진영을 그렸던 이당(以堂) 김은호(金殷鎬)가 해월의 좌상도 함께 그렸던 것으로 확인되고 있다. 수운의 진영이 양사위인 정씨의 제한된 증언에 의해 어렵사리 그려진 것에 비해, 해월의 경우는 생전에 직접 대면했던 증언자도 많고 사진 자료도 남아 있어 상대적으로 취재가 용이했을 것이다.

『侍天敎宗繹史』 ──

海月大神師, 卽侍天敎第二敎祖. 粤在濟世主降生第四年, 仁孝天皇

文政十年 [朝鮮前李朝純祖二十七年, 西曆紀元一千八百二十七年], 丁亥三月

二十一日(陽曆四月十六日), 降于朝鮮前慶州府皇吾里. (第二編 第一章〈第

二敎祖海月大神師布敎〉)

27

대신사가 제세주를 스승으로 섬기다
大神師摳衣圖

신유년(1861) 6월, 대신사가 검곡으로부터 제세주의 용담도량에 찾아가 뵙고, 제자의 예를 행하였다.

辛酉六月, 師自劍谷, 往拜濟世主于龍潭道場, 執弟子禮.

해제 ——

〈대신사구의도〉는 검곡(劍谷)*에 거하던 해월이 1861년 34세의 나이에 용담의 수운을 찾아와 동학의 문도가 되었던 역사적 사실을 묘사하고 있다. 1859년까지 마북동에 거하던 해월이 검등골로 불리는 검곡으로 이주해 온 뒤 2년 만에 수운이 동학의 포덕을 시작할 즈음에 구미산 용담을 찾아와 제자의 예를 올린 것이다.

동학에 입도한 해월은 영덕과 영해 지역의 포덕에 적극적으로 힘쓰며 수운의 주목을 받기 시작했다. 그리고 1863년 8월에 이르러 드디어 수운으로부터 도통을 전수받고, "용담의 물이 흘러 사해의 근원이 되고, 검악 사람에겐 변치 않는 굳센 마음이 있네(龍潭水流四海源, 劍岳人在一片心)"라는 강결(降訣)의 시를 하사받는다. 이는 동학의 근원지로서의 용담과 동학의 신앙지로서의 검곡을 대비시킴으로써 수운-해월의 종교적 도통(道統) 전수의 정통성을 강화시키는 표상이 되었다.

■ 구의摳衣: 옷의 앞자락을 들어 올려 경의를 나타냄. 스승으로 섬김을 이르는 말. ■ 왕배往拜: 윗사람을 찾아가 만나 뵘.
* 현재 행정구역상 경북 포항시 북구 신광면 마북리 골짜기에 위치한다.

『侍天教宗繹史』———

　三十五歲辛酉六月, 受道于濟世主. 師自齠齡初無塾師之導迪, 又無

家庭之教育, 而其天姿出類拔萃. 兼以親炙於聖門, 自任以永定布德,

屹然爲龍潭之高足焉.(第二編 第一章〈第二敎祖海月大神師布敎〉)

28

찬 샘에서 밤에 목욕하다

冰泉夜浴圖

신유년(1861) 11월, 대신사가 뜻을 오로지 하여 독실하게 학문에 집중하여 잠잠하고 정밀하게 연마하며 생각할 때, 현기증이 많이 일어나 스스로 마음속에 되뇌기를, '독실하게 공부하는 이는 천어를 받들어 얻는다고 일찍이 들었는데, 나 홀로 유독 징험이 없으니, 이것은 반드시 정성이 부족한 까닭이다'라고 하였다.

마침내 깊은 밤 사람의 자취가 한적할 때를 틈타 문 밖의 대나무숲 아래의 못에서 스스로 옷을 벗고 목욕을 하였다. 처음에 얼음을 깰 때는 그 차가움이 뼛속에까지 이르는 것 같았는데, 한 달을 넘어서자 그 물이 점점 온천과 같이 느껴졌다.

辛酉十一月, 師專意篤學覃精研思, 多有懸, 嘗自語於心曰, '夙聞篤工之人得承天語, 而我獨無, 此必誠不足之致也.' 遂乘夜深人寂之時, 親自裸浴于門外竹林下方沼. 初焉破氷, 冷若砭骨, 及至月餘, 其水漸如溫泉.

해제 ──

앞의 〈대신사구의도〉에서 보았듯이, 해월은 1861년 6월 수운을 찾아가 동학에 입도하고 그의 제자가 되었다. 입도하고 얼마 지나지 않은 1861년 겨울 동짓달에 해월은 하늘의 소리를 듣고자 스스로 얼음

───
■ 전의專意: 오직 한 곳으로 뜻을 기울임. ■ 폄골砭骨: 뼛속에 파고들다.

속에 잠겨 들어 혹한을 이겨내며 정성스런 독공을 이어가는 집념을
보여준다.

〈빙천야욕도〉의 도설 내용에는 생략되어 있지만, 『시천교종역사』
에는 얼음물을 따뜻하게 느끼게 되자 "몸을 해롭게 하는 것은 차가운
샘에 급히 앉는 것이다(陽身所害, 又寒泉之急坐)"라는 하늘의 말[天語]이
들리므로 더 이상 몸을 억지로 손상시키는 목욕재계를 하지 않았다
고 기록하고 있다. 해월이 들었다는 천어의 내용은 초기 동학에서 마
음을 지키고 기운을 바르게 하는[守心正氣] 실천법의 하나로 주목받았
으며, 『동경대전』 「수덕문」에 그대로 수록되어 있다. 〈빙천야욕도〉와
대비되는 『회상영적실기』의 〈동소야욕도(冬沼夜浴圖)〉에는 천어의 내
용이 수록되어 있다.

『侍天敎宗繹史』 ——

辛酉十一月, 大神師專意篤學覃精研思, 鉤玄賾遠, 多有懸解. 嘗自
語於心曰, 夙聞篤工之人, 得承天語, 而我獨無之, 此必誠不足之致也.
誠是在我者, 我當盡其在我者而已. 遂乘夜深人寂之時, 往浴于門外竹
林下方沼. 初焉破氷冷若砭骨. 日以爲常, 至月餘其水漸如溫泉. 忽聞
自空中有語曰, 陽身所害, 又寒泉之急坐. 始認天靈所敎, 遂止浴焉.(第
二編 第一章〈第二敎祖海月大神師布敎〉)

29

삼끈으로 동여매다

麻條綑縛圖

임술년(1862) 10월, 관례 삼십여 인이 관의 명령이라 칭하고 와서 잡아가려 하며, 포학한 행동을 제멋대로 행하였다. 대신사가 관의 명령을 가탁했음을 알아차리고, 생마 삼십 발로 관졸들을 동여매니, 어린아이를 다루는 것과 같이 쉬웠다. 관졸들은 두려워 복종하며 용서를 빌었다. 대신사가 마침내 풀어주고는 타일러 보냈다.

壬戌十月, 官隷三十餘人, 稱以官令來捕, 恣行暴虐. 師稔知其假托, 以生麻三十條, 綑縛該隷, 易如小兒. 該隷等慴服乞饒. 師遂解諭以送.

해제 ———

〈마조곤박도〉는 불가사의한 완력을 행사한 해월의 이적담을 묘사하고 있으며, 내용상 『회상영적실기』의 〈마박관예도(麻縛官隷圖)〉와 대동소이하다. 동학에 입도한 후 돈독한 신앙과 열성적인 포덕을 이어가던 해월에게 30여 명의 관노들이 접근히여 방해하고 행패를 부리자 해월이 힘으로 그들을 제압한 뒤 삼끈으로 포박했다는 전설적인 역사(力士)의 이미지가 부각되고 있다. 『시천교종역사』에는 이 일로 인해 "검곡에 최장사(崔壯士)가 났다"는 말이 돌기도 했다는 기록을 싣고 있다.

■ 관례官隷: 관가에서 부리는 하인. ■ 임지稔知: 숙지하다. ■ 조條: 끈, 줄, 발. 가늘고 긴 물체의 가락. ■ 습복慴服: 두려워서 굴복함. 황송(惶悚)하여 엎드림. ■ 걸요乞饒: 용서를 빌다.

『侍天敎宗繹史』──

十月官隷三十餘人, 稱以官令來捕, 恣行暴虐. 師默然良久, 稔知其
假托, 以生麻三十條, 綑縛諸隷, 易如小兒焉. 諸隷等懼而承款, 乞貸一
縷. 遂解而喩送. 鄕里盛傳, 劍谷有崔壯士云. 由是敎徒益異其蹟, 信仰
者甚衆.(第二編 第一章〈第二敎祖海月大神師布敎〉)

30

이필제를 거절하다
彌賊拒絕圖

경오년(1870) 10월, 떠도는 도적 이필제는 은밀히 품은 뜻을 알 수 없는 사람으로, 교인을 가탁하여, 수운선사를 신원한다는 구실로 함께 공모하기를 요구하였다. 대신사가 그 언사의 불경함을 듣고 그 행동의 어긋남을 살펴, 엄격한 말로 준엄하게 물리쳤다.

庚午十月, 流賊李弼濟, 陰懷叵測, 假托教人, 稱以先師伸寃, 要與同謀. 師聽其言辭之不經, 察其行止之不軌, 因嚴辭峻却.

해제 ──

1864년 수운이 처형된 이래 해월은 자신의 고향인 검곡을 떠나 일월산과 태백산 사이의 경상 및 강원 일대를 옮겨 다니며 도피생활을 계속하였다. 그러던 중 1870년 10월에 영양군 일월산 죽현(竹峴)에 있을 때 변란을 도모하며 떠돌던 이필제가 해월을 만나고자 하였다. 1871년 초에도 여러 차례 대면을 시도하려 했지만 그때마다 해월은 의심을 품고 그와의 대면을 거절하였다. 그러나 동학도로서 교조의 신원을 도모한다는 필제의 거듭된 제안에 부득이 대면하게 되면서 급기야 교조가 수난을 당했던 3월 10일을 기해 우정동(雨井洞) 형제봉에서 소를 잡아 설단제천(設壇祭天)을 거행한 후, 수백 명이 죽창과 몽

■ 유적流賊: 떠돌며 노략질하는 도적. ■ 파측叵測: 헤아리기 어려움. ■ 신원伸寃: 원한을 품. ■ 불경不經: 상도(常道)에 어긋남. ■ 행지行止: 행동거지. ■ 불궤不軌: 법이나 도리에 어긋남.

둥이를 챙겨 영해 관아를 타격했던 작변에 휩쓸리게 되었다. 영해부사를 살해하고 관아의 무기고와 화폐를 탈취하는 성과를 거둔 뒤 곧바로 영양으로 북상하며 작변을 지속하고자 했으나 관군의 추적으로 뜻을 이루지 못한 채 수많은 교도들이 피체되어 목숨을 잃고 말았다. 동학 내부 문서에서는 확인되지 않고 있으나 당시 지방의 공초 기록에는 영해로부터 해월의 본래 은거지인 영양 윗대치(上竹峴)로 집결한 교도들이 또다시 소를 잡아 제천했다는 증언들이 분명하게 드러나고 있다.* 그러나 더 이상의 단체 행동과 무장 활동은 불가능했고, 해월을 비롯한 동학도들은 흩어진 채 더욱 쫓기는 도망자 신세가 되었다. 이필제는 문경으로 옮겨와 다시 변란을 시도하다 붙잡혀 주살되는 불행을 겪게 되었다.

해월의 종교 인생에서 이필제 사건은 교조의 수난 이후 동학도를 크게 좌절시킨 대사건이었고, 이후 주요한 정치적 결단을 내릴 때마다 늘 발목을 잡는 불행한 기억으로 자리 잡았다고 할 수 있다. 『회상영적실기』는 이필제 사건을 아예 언급하지 않은 채 생략하고 있다. 이필제 사건으로 인해 동학의 본거지와 지휘부가 태백과 소백의 산중으로 북상하였다. 그리고 양백(兩白) 사이에서 10여 년간 비축한 힘

---

* 참고할 만한 공초 기록으로 『嶠南公蹟』과 『寧海府賊變文軋』을 들 수 있다. 초기 동학의 제천의례와 관련해서는 최종성, 「초기 동학의 천제: 제천(祭天)과 기천(祈天)」, 『종교와문화』37, 서울대학교 종교문제연구소, 2019를 참조하라.

옛 영해 관아 책방 복원건물 전경(영덕)

옛 영해 관아 책방 복원건물(영덕)

을 바탕으로 동학은 호서로 나아갈 수 있었다. 한편, 영해작변 이후 무사히 영양을 탈출한 이필제는 1871년 8월 문경에 이르러 새로운 작변을 모의하다가 동모자들과 체포되었고, 포도청의 추국을 거친 뒤 그해 12월에 47세의 나이로 세상을 등지고 말았다.

『侍天敎宗繹史』——

庚午冬十月, 師在竹峴. 先是流賊李弼濟, 變姓逃匿於寧海地方. 陰懷乘勢射利樂禍思亂之計, 假托敎人, 稱以先師伸冤, 潛送同郡人李仁彦, 致告曰, 往在癸亥, 曾已受敎于龍潭丈席, 因隱居于智異山中, 現聞先師之遭難, 不勝忿惋. 期欲伸雪, 願先生暫屈高躅, 親賜馨欬. 師內念龍潭門徒中, 初無其人, 心甚致訝, 拒而不納. 洎辛未正月, 弼賊又煽誘寧海·盈德·尙州·聞慶等地諸敎人, 倡言曰, 爲龍潭門徒者, 不可一日忘甲子遭難之冤. 屢要師會面, 師益牢拒之. 二月弼賊, 又送敎人權一元, 介于師, 强要一會, 前後凡五回. 師雖明知其伸冤時機之未至, 欲使弼賊回向信伏, 仍往見. 弼賊驚喜曰, … 師聽其言辭之不經, 察其行止之不軌, 因溫辭諭之曰, … 君須潛居修道, 翹待時機, 切勿妄動也. 諭已卽旋.(第二編 第四章〈辛未事變〉)

31

큰 호랑이가 와서 보호하다
大虎來護圖

신미년(1871) 8월, 대신사와 강수가 이필제의 난을 피하여 소백산으로 들어가 산에서 노숙하며 지내다가, 주거할 만한 굴을 하나 얻었다. 곡식이 떨어진 13일간, 나뭇잎을 소금에 절여 씹으며 겨우 붙은 숨을 보존하였다. 큰 호랑이 한 마리가 있어 항상 와서 그들을 보호해 주었다. 대신사가 호랑이에게 말하였다. "너는 산군으로서 어찌 와서 나를 보호해 주는가?" 호랑이가 머리를 끄덕이는 것이 마치 마음에 기쁜 뜻이 있는 듯했다.

辛未八月, 師與姜洙避㺚賊亂, 入小白山中, 草行露宿, 得一巖穴以捿息. 絶粒十有三日, 取木葉和鹽而嚙, 僅保殘喘. 有一大虎, 時常來護, 師語之曰, "汝以山君, 胡來護我?" 虎首肯, 若有歡欣底意.

해제 ———

1871년 3월 영해에서의 작변 이후 이필제는 8월에 문경으로 옮겨와 다시 난을 일으키려다가 체포되어 목숨을 잃었다. 이 일로 인해 많은 동학도들이 죽거나 유배를 갔다. 남은 이들도 흩어져서 동학에 대한 민심도 더욱 악화되었으며, 관의 지목은 더욱 거세져 갔다. 의지할 만한, 마땅한 거처를 얻지 못한 해월은 험한 소백의 산중을 전전

■ 초행노숙草行露宿: 산에서 노숙하며 여행함. ■ 암혈巖穴: 바위에 뚫린 굴. 석굴(石窟). ■ 화염和鹽: 소금에 절임. ■ 잔천殘喘: 끊어질 듯 겨우 붙어 있는 목숨. 잔명(殘命). ■ 수긍首肯: 옳다고 고개를 끄덕임.

하며 암혈 속에서 초근목피로 연명할 수밖에 없는 상황이었다.

〈대호래호도〉는 장차 해월을 돌봐줄 영월 직곡리의 박용걸을 만나기 이전 13일 동안 산중에서 사투를 벌이며 고생했던 상황을 묘사하면서도, 커다란 호랑이가 해월을 돌봐준 이적담을 강조하고 있다. 〈대호래호도〉에 비견할 만한 도설이 『회상영적실기』의 〈호위초궤도(虎衛樵饋圖)〉인데, 다만 여기에서는 해월의 뒷배가 되어준 큰 호랑이와 나뭇꾼 박용걸을 동시에 도설로 묘사하고 있다.

『侍天敎宗繹史』──

八月, 弼賊更與鄭基鉉等, 募集散亡餘黨, 再起聞慶之訌, 遂伏誅. 由是弼賊懷襄之禍, 波及於嶺南·忠淸·江原·京畿各道諸包. 擧皆慄慄惴惴, 不遑寧居.

師與姜洙, 避入小白山中, 草行露宿, 得一巖穴以棲息. 絶粒凡十有三日, 只取木葉和鹽而嚙, 僅保殘喘. 見有一大虎, 時常來護, 師語之曰, 汝以山君, 胡來護我. 虎首肯, 若有歡欣底意, 誠異哉.(第二編 第四章〈辛未事變〉)

32

소밀원에서 꿈에 나타나다
密院現夢圖

임신년(1872) 3월, 영월군 포교 박 모가 대신사가 박용걸 집에 있다는 사실을 듣고, 체포의 공적을 원했다. 영월군의 이방 지달중의 힘으로 막아 화를 면하였다. 이날 밤 본군 소밀원에 거하는 교인 장기서의 꿈에 제세주가 잠시 임하였다가 곧 발행하며 말하였다. "믿고 맡길 일이 있어서 바야흐로 지달중의 집으로 향하노라." 깨어나 그 꿈을 대신사에게 고하였다. 대신사와 강수는 지달중에게 가서 감사의 뜻을 표하였다.

壬申三月, 寧越郡校朴某, 聞師在朴龍傑家, 期欲逮捕效功. 該郡首椽池達中力止, 免禍. 是夜本郡蘇密院居敎人張基瑞夢, 主暫臨旋發曰, "有信托事, 方向池達中家." 醒而以其夢, 告于師. 師與姜洙徃謝達中焉.

해제 ——

영월군 직곡(중동면 직동리)의 박용걸에게 의탁하고 있던 해월은 수운의 유족을 돌보며 동학을 재건하기 위한 발판을 마련하기 시작하였다. 때를 맞춰 영월 관아의 지목도 점차 거세지기 시작했다. 그러나 영월군 이방 지달중(池達中)의 무마로 해월은 체포를 면할 수 있었다고 한다. 〈밀원현몽도〉는 그러한 지달중의 주선이 다름 아닌 수운의 현몽을 통해 가능했음을 강조하고 있다. 직곡의 박용걸의 집에서

■ 효공效功: 공적(功績). ■ 수연首椽: 연청(椽廳)의 우두머리. 이방(吏房).

그리 멀지 않은 소밀원(영월군 중동면 화원리)에 거처하는 장기서의 꿈에 수운이 나타나 지달중을 암시해 준 것이다. 〈밀원현몽도〉와 『회상영적실기』의 〈왕사달중도(往謝達中圖)〉는 내용상 서로 통하는데, 제목 그대로 전자가 수운의 현몽을 이미지화한 것에 비해, 후자는 호의를 베푼 지달중에게 찾아가 사례하는 장면을 담고 있다.

위기를 모면한 해월은 곧바로 양양 관아에 잡혀 간 수운의 장남 세정의 옥정(獄情)을 살피러 길을 떠났고, 사태가 여의치 않자 급히 인제군 무의매리(舞依梅里)* 로 피해 갔다. 해월은 거기에서 훗날 자신의 핵심 제자이자 맏사위이자 시천교총부의 대교주가 될 십대 소년 구암 김연국을 만나게 된다.

『侍天敎宗繹史』 ──

三月十日享禮時, 師又製懺悔文, 自列虔告于天. 寧越郡行首捕校朴某 [失名], 素是陰凶狠驁之類, 聞師在朴龍傑家, 期欲逮捕效功. 該郡首橡池 達中力止之, 幸逭其禍. 是夜本郡蘇密院居道人張基瑞夢, 濟世主暫臨旋 發. 因曰, 有信托事, 方向池達中家. 醒已, 以其夢, 告于師. 師與姜洙往謝 達中, 達中驚異其神明. 自是受敎, 益加信仰.(第二編 第五章 〈世貞慘禍〉)

---

* 무의매리에 대해서는 최종성, 「무의매리(舞依梅里)의 위치 비정에 관한 연구: 해월과 구암의 만남 그리고 동행」, 『종교학연구』36, 한국종교학연구회, 2018 을 참조하라.

33

태백산에서 도를 닦다

太白講道圖

계유년(1873) 10월, 대신사와 여러 제자들은 태백산 갈래사의 적조 암으로 들어갔다. 성심으로 주문을 외는 소리가 크고 낭랑하였다. 주 지승 철수좌가 곁을 따르니, 〈주문을〉 듣고 깨우쳐 환희를 못 이겨 나아와 말하였다. "빈도가 세존이 꿈에 나타나 지도하심으로 인해, 두 번 옮겨 여기에 이르렀습니다. 이전 꿈에서 두 손님이 있어 부처님 앞에 절하는 것을 보았는데, 지금 두 존객을 뵈오니 마치 꿈속의 그분들과 같습니다. 이것이 어찌 숙세의 깨끗한 인연이 아니겠습니까?"

癸酉十月, 師與諸教徒, 入太白山葛來寺之寂照菴. 誠心誦呪, 音吐 洪亮. 主持僧哲首座從傍悟聽, 不勝欣喜進言曰, "貧道因世尊之現夢指 導, 再移至此, 疇夢見有二客, 膜拜佛前, 今見兩尊客, 宛若夢中人. 此 豈非宿世淸緣耶?"

해제 ──

해월에게 있어 태백산 적조암은 각별한 기도처였다. 40대 중반 49 일간의 기도를 통해 새로운 각성과 희열을 경험했던 곳이기도 하고, 회갑을 맞아 자신의 종교 인생을 되돌아보며 다시금 기도를 올렸던

■ 갈래사葛來寺: 정선군 고한읍의 정암사(淨巖寺)의 이칭. ■ 음토音吐: 시나 문 장을 옮거나 낭독하는 소리. ■ 홍량洪亮: 크고 낭랑함. ■ 빈도貧道: 승려나 도사 가 자신을 낮추어 이르는 말. ■ 지도指導: 어떠한 목적, 방향에 따라 가르쳐 이끎. ■ 숙세宿世: 전세(前世). 전생(前生).

곳이기도 했다. 1차로 기도했던 1873년 10월에는 이필제의 작변 실패 이후 여전히 동학의 재건이 요원한 상황이었고, 수운의 유족에게는 불행이 거듭해서 닥쳐오는 암울한 시기였다. 동학의 미래를 짊어진 해월에게는 새로운 각오와 돌파가 절박했던 시점이었다. 이때 적조 암의 49일 기도와 수련이 마련된 것이다. 본문에서 말하는 태백산은 좁은 의미로 말하자면 지금의 함백산이다. 태백산 갈래사(葛來寺)는 신라의 자장이 지었다는 석남원(石南院)에서 유래한 정암사(淨巖寺)를 말한다. 창건 스님이 칡넝쿨을 따라 이른 곳에 절을 지었다는 설화에 근거해 흔히 갈래사로 불렸던 것이다. 갈래사에는 여러 암자가 있었 는데 본문에 나와 있는 적조암도 그중의 하나로 함백산 1100고지에 위치한 작은 암자이다. 겨울에 장기간 수련할 만하고 이목도 피할 수 있는 적막한 곳이었고, 더구나 폐허로 버려졌던 암자를 노승 철수좌 가 미리 몇 달 전부터 주석하며 가꿔 놓았기에 최적의 기도처로 선택 되었던 것이다. 당시 해월은 강수, 유인상, 전성문, 김해성 등과 함께 동계 수련을 위해 철수좌가 있는 적조암에 들어왔다.[*]

해월 일행은 21자 동학 주문을 연이어 암송하는 주문 공부를 시작 하였다. 주문 암송을 듣고 내막을 파악한 노승 철수좌는 자신이 적조

---

[*] 해월의 적조암 기도에 대해서는 최종성, 「동학산행(東學山行): 산으로 간 동학 의 기록들」, 『종교학연구』 37, 한국종교학연구회, 2019, 13-20쪽을 참조하라.

암에 이르게 된 사연과 더불어 동학의 빈객들과의 인연이 예견된 것임을 꿈 얘기로 암시하고 있다. 본문에는 세존의 현몽으로 노승이 두 번이나 거처를 옮겨가며 적조암에 당도하였다고만 되어 있지만,『도원기서』나『시천교종역사』를 참조하면, 철수좌는 계룡산(동학사)과 소백산(부석사)을 거쳐 태백산(적조암)에 다다랐음을 알 수 있다. 또한 철수좌는 자신의 꿈속에서 부처에게 배례하던 두 사람을 본 적이 있는데, 대담을 나누고 있는 해월과 강수가 바로 그 꿈속의 인물임을 언급한다. 〈태백강도도〉의 이미지에는 한 명의 승려와 더불어 두 명의 상대 인물을 묘사하고 있는데, 이를 염두에 둔 것이라 짐작된다. 본문에 소개된 철수좌의 꿈 얘기는 철수좌와 동학도들이 만나게 된 인연이 부처로부터 비롯된 신성하고 필연적인 것이었음을 강조하고 있다. 〈태백강도도〉의 본문이 철수좌의 꿈 얘기라면 다음의 〈팔봉래의도〉의 본문은 반대로 철수좌에게 들려주는 해월의 꿈 얘기이다.

『侍天敎宗繹史』——

翌年癸酉冬十月, 師率姜洙·劉寅常·全聖文·金海成等數十人, 齋糧入太白山葛來寺之寂照庵. 住持僧哲首座, 禮足迎入, 煨芋以進, 香淡可飡. 夜半師謂哲首座曰, 入山虔禱, 各有發願. 及成道果, 緇白一致. 俺之所工, 但用七七靈呪也. 因大聲莊誦, 哲首座不勝歡喜. 誠心供養, 克終齋期. 師因以扶乩, 次第得句. 有曰(太白山工四十九, 受我鳳八各主定,

적조암 유허지(정선)

天宜峯上開花天, 今日琢磨五絃琴, 寂滅宮殿脫世塵). 終齋之日, 師使全聖文,
勤隷弓乙符圖. 哲首座從傍闚視, 歡欣踴躍, 合掌白言曰, 貧道曾住於
鷄龍山東鶴寺, 枯坐修道. 夜夢如來世尊來現曰, 汝往小白山. 覺而異
之, 本年四月, 移錫于小白山浮石寺[在順興郡]. 世尊復現夢曰, 汝復往
太白山. 貧道尋又移住于此. 疇夢見有二客, 膜拜於如來佛前. 今見兩
尊客, 宛若夢中人, 豈非宿世淸緣耶.(第二編 第六章 〈太白講道〉)

여덟 마리 봉이 날아들다

八鳳來儀圖

대신사가 철수좌에게 말하였다. "나 역시 산에 들어온 처음, 꿈에서 여덟 마리 봉이 하늘에서 내려와 차례대로 앞에 모이니 마음에 심히 기이하고 사랑스럽게 여겼습니다. 손으로 그중 셋을 잡고, 옆 사람 또한 각각 그 하나씩을 잡으니 갑자기 하늘에서 소리가 들려왔습니다. '이 다섯 봉은 각각 그 주인이 있으니 너는 마땅히 깊이 감추어서 그 주인을 기다려 주도록 하라.' 했는데, 과연 어떤 조짐인지 모르겠습니다." 철수좌가 이를 듣고 더욱 이상히 여겼다.

師謂哲首座曰, "吾亦於入山之初, 夢見八鳳, 自天而下, 次第儀集於前, 心甚奇愛. 手抱其三, 傍人又各抱其一, 忽聞空中有語曰, '此五鳳各有其主, 汝當深藏, 以竢其主而授之.' 果未知之何兆也." 哲首座聞, 而愈益異之.

해제 ──

〈팔봉래의도〉는 태백산에 입산한 초기에 해월이 꾸었던 꿈 얘기를 소재로 도설한 것이다. 도상에는 한 사람 품에 안긴 세 마리의 봉, 두 사람에게 각각 1마리씩 안겨 있는 봉, 그리고 공중을 날고 있는 세 마리의 봉이 묘사되어 있다. 해월과 옆의 두 사람이 안고 있는 봉 다섯 마리는 미래의 주인에게 예비된 것이겠지만 정확한 의미를 파악하기는 쉽지 않다. 그렇다 하더라도 태백산 기도가 지속가능한 동학에 대한 비전과 희열을 품게 하는 주요한 계기였음을 암시하는 상서로운 표상임에는 틀림없어 보인다.

『**侍天敎宗繹史**』——

師曰, 俺亦於入山之初, 夢見八瑞鳳, 自天而下, 次第儀集於前. 心甚奇愛, 手抱其三, 傍人又各抱其一. 忽聞空中有語曰, 此五鳳各有其主, 汝當深藏, 以竢其主而授之, 果未知其何兆也. 姜洙亦曰, 夜夢見天仙, 自上淸而下來, 負壁而坐, 故致敬頂禮. 今拜佛像, 恰如前見之天仙也. 哲首座聞之, 愈益異之曰, 後必有仙佛竝起, 廣演其敎矣.(第二編 第六章 〈太白講道〉)

35

도솔봉 아래로 살 곳을 정하다
兜率卜居圖

대신사가 일찍이 태백산 적조암에서 도를 닦았다. 승려 철수좌가 대신사에게 말했다. "단양군 도솔봉 아래는 바로 십승복지로서, 살기에 괜찮습니다." 갑술년(1874) 봄, 대신사가 김연국·김병내·김연순·홍순일 등을 거느리고 집을 나와 도솔봉 아래 절골[寺洞]로 이사하였다. 다음해 2월, 같은 면의 송두둑[松皐洞]으로 또 이사하여 잠거하며 도를 닦았다.

師嘗講道于太白山寂照菴也. 僧哲首座謂師曰, "丹陽郡兜率峯下, 是十勝福地, 差可棲息." 甲戌春, 師遂率金演局·金秉鼐·金演淳·洪舜一等, 撤家移寓于兜率峯下寺洞. 翌年二月, 又移寓于同面松皐洞, 潛居修道.

해제 ——

해월에게는 기도터로서의 적조암도 중요했지만, 무엇보다도 그곳의 노승 철수좌와의 인연이 예사롭지 않았다. 1873년 10월부터 시작된 적조암의 동계수련을 마친 해월은 이듬해 2월 철수좌에게 줄 옷

■ 십승복지十勝福地: 주로 비결 등에 등장하는, 난리 등을 피할 수 있는 10가지 장소. 십승지(十勝地). ■ 차가차가差可: 쓸 만함. ■ 김연국金演局: 해월의 세 수제자 중 한 명인 구암(龜菴, 1857~1944). 강원도 인제 출신으로서 10대부터 해월을 시봉하며 동행하였고, 훗날 천도교, 시천교를 거쳐 신도안에 상제교를 개창했던 인물. ■ 김병내金秉鼐: 조실부모한 김연국 형제를 돌봐주며 동학 신앙을 이끌어준 숙부. ■ 김연순金演淳: 김연국의 형.

한 벌을 마련해 적조암을 다시 찾았다. 그러나 몸져누웠던 철수좌의 병세가 악화되어 그길로 입적하고 만다. 그만큼 철수좌와의 만남은 필생의 인연이었던 셈이다. 그 짧은 만남에서 철수좌는 해월로 하여금 단양 도솔봉 아래의 길지에 장차 거처를 마련하라고 권고한 바 있다. 사실 이필제 난 이후 정선과 영월을 오가며 분주한 삶을 살던 해월이 고난의 강원도 동학을 마감하고 발돋움하는 충청도 동학으로 나아가는 전기를 마련한 것이 단양 절골로의 이주였는데, 그것의 물꼬를 터준 이가 다름 아닌 철수좌였다는 얘기이다.

인제에서 영춘 장건지리로 이주해 온 구암 김연국과 더불어 1874년 2월 절골로 들어가 정착해 살면서 해월은 보다 안정적인 가정생활을 누리며 동학의 재정비에 박차를 가할 수 있었다. 1875년 2월 절골에 이웃한 송두둑으로 이전하고, 거기에서 7년여를 보내다 1882년 6월 다시 인근 장정리로 옮겨가 3년을 살았다. 1885년 5월 보은군 장내로 이주하기 전까지 해월이 단양에서 보낸 11년은 가정적으로나 교단적으로나 상대적으로 안정적인 기간이었다. 외로이 홀로 떠돌던 해월에게 새 가족이 생기고, 이필제 난 이후 소식이 끊겼던 옛 부인과도 상봉하고, 동학의 경전을 발간하고 의례를 정비하면서 교단의 조직을 키워냈던 것이 단양 시절이었다.

해월이 기거했던 절골(단양)

『**侍天敎宗繹史**』——

又曰, 尊客東漂西泊, 迄無定住, 見狀殊悶. 丹陽郡兜率峯下, 差可棲息之地. 務須警省注想, 勿負老衲之言. 十二月九日, 師在旌善郡劉寅常家, 聞濟世主夫人之喪. 卽與金啓岳, 同往致哀. 凡含斂等事, 如禮無憾, 告訃于各包敎人. 時濟世主夫人, 由長建地, 轉移于同郡米川里, 仍爲厭世焉.

是時, 師至永春郡獐項里朴龍傑家卒歲.

翌年甲戌二月, 師製得哲首座衲衣一襲, 帶往于寂照庵. 時首座方病淹, 在床旬餘, 感其衣衣, 悲喜交集. 其翌仍爲示寂. 師與僧徒, 行化火之禮, 還至于米川故濟世主夫人家. 以本月十九日, 行濟世主夫人襄奉于米川寓居之近麓. 其時會葬者, 若洪舜一·全聖文·劉寅常·崔振燮·辛錫鉉·朴鳳漢·洪錫道·劉澤鎭諸人也. 師遂率門徒金演局, 及金秉鼎[金演局叔父], 金演淳[金演局伯兄], 洪舜一等, 往寓于丹陽郡南面兜率峯下寺洞. 蓋從哲首座頃別時勸囑也. … 二月, 又移寓于同面松皐洞.(第二編第六章〈太白講道〉)

법관과 법복

法冠法服圖

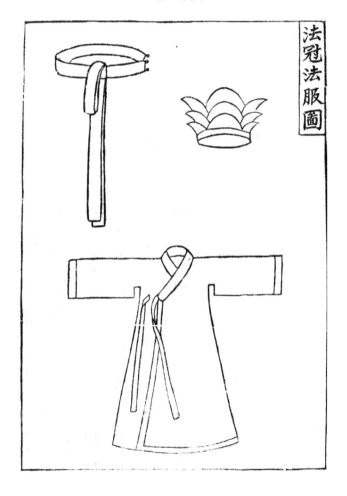

을해년(1875) 10월 28일, 대신사가 친히 법관과 법복을 만들고, 설법제를 처음 행하였다. 대개 도교[道家]의 의제를 본떠 변통한 것이다. 법관은 사방 높이가 삼층이다. 가운데는 똑바른 원으로 덮고, 전후엽은 둥근 원으로 다소 높고, 좌우엽은 뾰족한 형태로 다소 나지막하다. 색은 자주색 혹은 검은색이다. 법복은 정사폭(正邪幅)이 앞으로는 5폭, 뒤로는 4폭이다. 소매는 길이가 1척 3촌, 통이 7촌, 소매 뒤는 네모나고 곧으며, 앞뒤폭 양쪽의 솔기 사이에 붙인다. 법대는 너비 2촌, 둘레 2척 남짓, 오른쪽 겨드랑이에서 묶는다. 앞에 두 가닥을 드리우는데 너비는 역시 〈법대와〉 같이 하고, 길이는 옷기장과 같고 색은 순흑색이다.

乙亥十月二十八日, 師自製法冠法服, 刱行設法祭, 盖倣道家衣制而變通者也. 法冠, 四圍高三層, 中盖正圓, 前後葉, 圓而較竦, 左右葉, 尖而較低, 色或紫或黑. 法服, 正邪幅, 前五幅後四幅, 袂身直徑一尺三寸, 縱徑七寸, 袂後方直, 貼前後幅兩縫間. 法帶, 廣二寸, 圍二尺餘, 釦結於右腋下, 前垂二條, 廣亦如之, 長稱身, 色純黑.

해제 ——

1864년 수운 사후, 강원도로 피신한 수운의 유족들이 1870년대 전

■ 사폭邪幅: 남자의 바지나 고의에서 허리와 마루폭 사이에 잇대는 헝겊.

반 차례로 변고를 당하게 되면서 교단의 구심점이 해월에게로 수렴되었다. 1872년 장남 세정이 양양 관아에서 장살되고, 1873년 수운의 박씨 부인이 정선 싸내[米川]에서 병사하고, 1875년 차남 세청마저 세상을 떠나게 되면서 교단을 이끄는 일뿐만 아니라 교조의 기일과 탄일의 의례를 손수 챙기는 것도 해월의 몫이 되었다. 1875년 수운의 탄일인 10월 28일의 의식은 그 출발이었고, 이후 해월의 지도 아래 교단의 의례가 정비되기 시작하였다.

1875년 10월의 설법제에 관한 기록에 있어 기록 간 상충되는 것이 시행일이다. 〈법관법복도〉의 본문과 『시천교종역사』는 수운의 탄신일인 10월 28일에 설법제를 거행하였고, 그에 따라 복제에 대한 규정도 그때 마련한 것으로 기록하고 있다. 그러나 『도원기서』는 그보다 열흘 이른 18일에 정선의 강수 집에서 설법제를 거행한 것으로 기록하고 있다. 당시 설법제는 삼헌(초헌, 아헌, 종헌)과 독축을 위주로 한 유교식 의례였으나 법복은 도가의 양식을 따른 것으로 보인다. 〈법관법복도〉는 당시에 제정된 법관(法冠), 법대(法帶), 법복(法服)의 세 이미지를 제시하고 있으며, 여기에 모양과 규격을 덧붙여 도설하고 있다.

『侍天敎宗繹史』

十月, 師以設法事, 文諭于旌善郡所在諸敎人. 以同月二十八日屆期齊會, 師自製法冠法服, 創行設法祭. 蓋倣道家衣制而變通者也.

【法冠, 四圍高三層, 中蓋正圓, 前後葉, 圓而較竦, 左右葉, 尖而較低, 色或紫或黑. 內貼藍綢而無定色. 法服, 正邪幅, 前五後四, 袂身直徑一尺三寸, 縱徑七寸, 袂後方直, 貼於前後幅兩縫間. 袂口僅容覆手. 法帶, 廣二寸, 圍二尺餘, 結鈕於右腋下, 前垂二條, 廣亦如之, 長稱身, 色純黑.】(第二編 第七章〈設儀祭文〉)

설법제의 예식
設法祭式圖

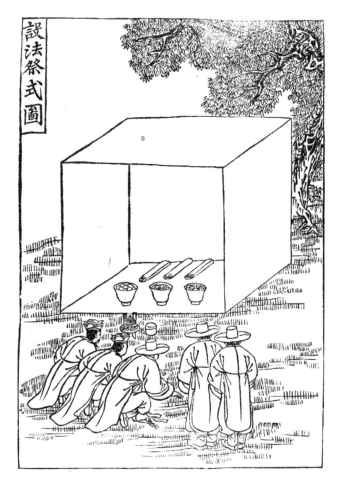

을해년(1875) 11월, 대신사가 유시헌의 집에서 설법제를 행하였다. 삼색의 비단 3척 3촌을 폐백으로 쓰고, 삼색의 소찬을 진설하여 제사를 지냈다. 많은 교인이 와 참여하였다.

乙亥十一月, 師行設法祭于劉時憲家. 用三色彩繻三尺三寸爲幣, 陳三色素饌, 以祭之. 敎人多來參.

해제 ──

1875년 10월에 설법제를 시행한 뒤 그다음 달인 11월 정선 유인상(유시헌)의 집에서 다시 한번 설법제를 거행하였다. 〈설법제식도〉는 바로 11월에 있었던 두 번째 설법제를 도설하고 있다. 『회상영적실기』에서도 〈설법제의도(設法祭儀圖)〉를 배치하고 있는데, 내용적으로는 10월 28일에 있었던 설법제를 다루고 있어 차이가 있다. 아울러, 〈설법제식도〉는 유인상의 집에서 거행했다고 하면서도 제상을 야외에 마련하고 있는 반면, 〈설법제의도〉는 실내에 제상을 진설하고 있어 차이가 난다. 〈설법제식도〉는 도설의 내용에 맞춰 장형의 막 안쪽에 삼색의 소찬과 삼색의 폐백을 진설하고 있다.

『도원기서』와 『시천교종역사』에 따르면, 1875년 10월 설법제 거행

■ 유시헌劉時憲: 본래 이름은 유인상劉寅常이었으나 해월에 의하여 '시(時)' 자가 들어가게 개명함. ■ 소찬素饌: 고기나 생선이 들어 있지 않은 반찬.

후에 해월이 시(時)와 활(活) 자를 얻어 자신을 비롯한 주변의 인물들에게 하사하여 이름을 고치게 했다고 한다. 이렇게 해서 최경상이 최시형으로, 강수가 강시원으로, 유인상이 유시헌으로 불리게 되었다.

『侍天敎宗繹史』──

十一月, 又行設法祭于劉時憲[卽寅常改名]家. 用三色彩繡三尺三寸爲幣, 陳三色素饌, 以祭之. 參拜人員如左.

【初獻道接主劉時憲, 亞獻辛錫鉉, 終獻洪錫範, 執禮崔振燮, 大祝辛鳳漢, 洪錫道, 全世祐, 崔箕東, 劉澤鑌, 金源仲.】(第二編 第七章 〈設儀祭文〉)

38

선동이 길을 인도하다
仙童引路圖

대신사와 부인 손씨가 이필제의 난 뒤에 서로 헤어진 지 무릇 6년 동안 안부가 전연 끊어졌다. 정축년(1877) 7월, 부인이 홀연히 스스로 대신사에게 왔다. 대신사가 괴이히 여겨 어떻게 찾아 왔는지 물으니, 부인이 말했다. "꿈에서 선동이 나타나 앞을 인도하는 까닭에, 가리키는 바를 따라오니, 막힘없이 여기 이르렀습니다."

師與夫人孫氏亂後相離, 凡六載間, 聞問頓絶. 丁丑七月, 夫人忽爾自至, 怪問其何以覓來, 夫人曰, "夢見仙童前導, 故隨所指, 無碍到此矣."

해제 ———

1871년 이필제가 주도한 영해의 작변이 실패하고 해월이 몰래 강원도로 피신해 간 사이 해월의 손씨 부인이 옥고를 치렀고, 가족 간의 연락도 끊기게 되었다. 그러다가 해월이 단양 절골을 거쳐 송두둑으로 이주해 온 뒤 그간 연락이 두절되었던 손씨 부인이 해월의 거처로 찾아온 것이다. 몇 년간 숨어 지내느라 자신의 거처를 안내해줄 연고자도 없었을 거라 여긴 해월이 여인의 몸으로 먼 길을 찾아온 부인을 의아하게 여기자 손씨 부인은 선동(仙童)의 현몽으로 길안내를 받았다고 답한다. 고난 속에서 어쩔 수 없이 겪어야 했던 가족 간의 이산,

■ 난亂: 여기에서는 1871년 이필제의 난을 말함.

그리고 6년간 두절되었던 인연과의 상봉은 신이한 이적담으로 기억될 만한 소재였다.

사실, 흩어져 있는 동학도들을 찾아 산중을 떠돌며 홀로 지내던 해월은 1874년 구암 김연국과 더불어 단양 절골에 정착하였고, 거기에서 새로이 김씨 부인을 맞아들이고 이듬해에 아들 양봉을 얻게 되었다. 1875년 인근 송두둑으로 이주해 오고 나서 1년이 지난 뒤 6년 전 난리를 겪다 헤어졌던 조강지처 손씨 부인을 다시 만나보게 되는 경사를 맞은 것이다. 그러나 1887년 김씨 부인이 일찍 세상을 떠나고 손씨 부인도 연로하게 되자 해월은 1888년 의암 손병희의 누이 동생 손씨를 세 번째 부인으로 얻어 일가를 꾸리게 되었고, 슬하에 최동희와 최동호를 얻게 되었다.

본서의 〈선동인로도〉는 50세를 앞둔 부부의 불가사의한 상봉 사건을 정축년(1877)의 일로 기록하고 있으나 동일 교단에서 발간한 『시천교종역사』에는 병자년(1876)이라 밝히고 있다. 〈선동인로도〉와 유비되는 『회상영적실기』의 〈선동전도도(仙童前導圖)〉 역시 그것을 병자년의 일로 도설하고 있다. 아마도 본서의 〈선동인로도〉에서 해당 연도를 착오한 것이라 판단된다.

『侍天敎宗繹史』──

七月, 夫人孫氏來會于松皐. 師與孫氏, 自遭亂之後, 相離凡六載, 聞

問頓絶, 存亡莫知. 現下夫人間關跋涉, 驀地來訪. 師怪而問曰, 我遁形
削跡, 跧伏于此, 歷有年所, 人無有知者, 夫人從何以覓來乎. 夫人曰,
夢見仙童前導, 故隨所指, 無礙到此矣.(第二編 第七章 〈設儀祭文〉)

39

거석리에 제세주가 나타나다
巨石顯聖圖

기묘년(1879) 윤삼월, 대신사가 영월 거석리 노정식 집에 도착하여 눈을 감고 도를 생각할 때, 제세주가 홀연히 현관(玄冠)과 남의(藍衣)를 입고 삼층대 위에 완연히 앉아 있었다. 동자 4, 5인이 모시고 서 있었다. 두 노인이 좌우에 무릎 꿇고 앉아 있었는데, 한 노인은 법도에 맞는 관과 신을 착용하고, 다른 한 노인은 붉은 눈과 푸른 머리였다. 또 한 승이 뒤에서 손을 모으고 있었다. 대신사가 허리를 굽히고 아뢰려 할 때, 제세주가 자(字)로 대신사를 불렀다. 대신사가 곧 대답하여 대에 오를 때, 십 여인의 문도가 따라서 나아갔다. 제세주가 대신사의 의상이 남루함을 보고는 시자 한 사람을 돌아보고 돕게 하니, 그 시자가 얼굴을 붉히며 답을 하지 못하였다. 대신사가 주의 의대를 우러러 보니 무명과 삼베와 비단으로서, 색이 다른 세 단(緞)을 겹겹이 묶은 것이었다. 제세주가 띠를 풀고 대신사 허리에 매어 주었다.

己卯閏三月, 師至寧越巨石里盧貞植家, 闔眼念道之頃, 主忽玄冠藍衣, 宛坐于三層臺上. 童子四五人侍立. 兩老人左右跪坐, 其一繩冠矩履, 其一赭眼綠髮. 又有一僧, 拱手于後. 師趨謁之, 主字以呼之. 師卽唯上臺之際, 十餘門徒躍進. 主見師衣裳襤褸, 顧侍者一人, 使之賙恤,

---

■ 거석리巨石里: 현재 영월군 김삿갓면 와석리에 속했던 마을. 본래 '든돌'이라는 지명과 관계되므로 거석리(擧石里)라는 표기가 적합함. 구암 김연국 집안이 인제에서 이주해 온 영춘 장건지리와 지근거리에 위치함. ■ 주휼賙恤: 가난한 사람을 도와줌. ■ 의대衣帶: 갖춰 입는 옷차림.

其人愧赧不能答. 師仰瞻主衣帶, 則以綿麻綢異色三緞而層結. 主因解
帶結于師腰.

해제 ——

〈거석현성도〉와 다음의 〈천문개탁도〉는 수운이 해월을 비롯한 동
학도들에게 신비한 모습으로 현현하여 진행했던 문답과 행위를 연
속적으로 담고 있다. 『회상영적실기』에서도 이와 관련된 에피소드를
〈층대현성도(層臺顯聖圖)〉와 〈천문개탁도(天門開坼圖)〉로 나란히 싣고
있다.

〈거석현성도〉의 배경이 되는 곳은 도설 제목에도 나와 있듯이 영
월군 거석리이다. 현재 영월군 김삿갓면 와석리(일제강점기 행정개편
과정에서 와인리와 거석리 통합)에 있는 마을이다. 본문에 거석리(巨石里)
로 표기되어 있으나 일제강점기 행정 개편 당시의 기록에는 거석리
(擧石里)로 표기되어 있으며, '든돌' 혹은 '든바우'에서 유래한 지명이라
고 판단된다.

1879년 윤 3월 해월이 영월 거석리 노정식의 집에 머물며 명상에
잠겨 있을 때, 검은 관과 남색의 옷차림을 한 수운이 현현하였다. 삼
층대의 상단에 좌정한 수운을 동자 네댓이 시봉하고 좌우의 두 노인
과 뒤편의 승려도 그를 호위하고 있는 모습이다. 수운의 곁에서 무릎
을 꿇은 두 노인과 뒤에서 손을 모아 예를 갖춘 승려의 모습은 흡사

유불도를 대표하는 행색이라고 여겨진다. 법식대로 의관을 갖춘 이는 유자일 것이고, 붉은 눈에 푸른 머리를 한 노인은 신선의 풍모로 짐작되며, 나머지 뒤편의 승려는 말할 필요조차 없는 불자의 모습이다.

본문에 나와 있듯이, 수운이 해월을 부르자 해월과 함께 10여 인의 도인도 대에 올랐다. 당시 해월의 복색은 뒤따르는 도인의 의상에도 못 미칠 정도로 남루하였지만, 수운은 자신이 두르고 있던 무명, 삼베, 비단으로 된 띠를 풀어서 해월에게 매어준다. 아마도 현현한 교조가 교도들 개인마다 권위와 역할을 분정해 주는 장면을 묘사한 것으로 보이며, 해월을 정점으로 한 교단의 정비와 제도의 완비가 완성되는 과정에 있었음을 상징하는 도설이라고 판단된다.

『侍天教宗繹史』───

歲己卯閏三月初吉, 師與金演局, 姜時元[洙改名], 將如嶺西, 道過寧越郡巨石里盧貞植家宿焉. 是夜師闔眼念道之頃, 主忽冠玄冠, 衣藍衣, 宛居于三層臺上. 童子四五人侍立. 見兩老人左右跪坐, 其一繩冠矩履, 頎然有河岳負涵之像. 其一赭顏綠髮, 翛然有雲霞遐擧之表. 又有一鴛頭耆臘, 卓錫拱之于後. 師將趨而參謁, 則主字海月道號而呼之. 師卽唯上臺之際, 十餘門徒, 蹕後而進. 時姜時元·劉時憲, 亦雜於衆中而同拜. 主見師之衣裳襤縷, 顧謂侍者一人曰, 凡人之絲穀, 雖有定分. 此人之衣, 何如是敗壞. 君之衣, 何如是鮮麗. 其在執友相孚之地, 安得無賙恤之方耶. 其人愧赦不能答. 於是主暫起彷徨, 師仰瞻其衣帶, 則以綿麻綢異色三段, 層層結條. 師問其故, 主曰, 此帶將授之於君. 因解而係之于師腰.(第二編 第七章〈設儀祭文〉)

40

하늘문이 열리다
天門開坼圖

제세주가 몸을 일으켜 대를 내려오니, 대의 아래에는 네 문이 있었다. 상대에는 20여 인이 있었고, 중대에는 100여 인이 있었으며, 하대에는 몇 명이나 있는지 알 수 없을 정도였다. 제세주가 북문에 이르러, 크게 '천문개탁자방문(天門開坼子方門)' 7자를 문미에 쓰고, 3회 구송하고 3회 손으로 치니 소리가 우레와도 같았다. 대신사가 제세주를 따라 치니 아무 소리 없이 고요하였다. 이상히 여겨 그 까닭을 물으니 제세주가 말했다. "마땅히 소리가 있을 것이다."

主因起身下臺, 臺下之門有四. 其上臺有二十餘人, 中臺百餘人, 下臺不知其幾何人. 主至北門, 大書'天門開坼*子方門'七字于門楣, 三回口誦, 三回手擊, 聲震如雷. 師亦從以擊之, 寂然無聲, 異而問其故, 主曰, "容當有聲矣."

해제 ——

수운이 거석리에 현현한 삼층 대는 교단의 위계 구조를 보여주는 상징으로 보인다. 상대에 20여 인, 중대에 100여 인, 하대에 무수한 사람들이 포진에 있는 상황에서 수운은 대를 내려와 북문에 '천문개탁자방문(天門開坼子方門)', 즉 하늘 문을 여는 정북(子方)의 문이라 쓰고

■ 자방子方: 북쪽. ■ 문미門楣: 문 위에 가로로 댄 나무.
* 坼: 저본에는 '坏'로 되어 있으나, 『侍天教宗繹史』에 의거하여 '坼'으로 바로잡았다.

는 7자를 3회 암송하고 세 번 북문을 친다. 이에 우레와 같은 소리가 났다고 한다. 수운이 우주론적 순환의 중심 자리에 있는 존재임을 인식시키는 표상이라고 할 수 있다. 한편, 해월이 수운이 행한 대로 북문을 쳤을 땐 아무 소리도 들리지 않자 수운은 장차 소리가 울릴 것이라 답하였다. 아직 해월의 시운이 열리지 않았지만 언젠가 때가 이를 것이라는 점을 암시하며 후일을 기약한 것이라 할 수 있다.

『도원기서』에는 삼층대 아래에 4개의 큰 문이 있었는데, 수운이 최시형에게 북문을, 강시원에게 남문을, 유시현에게 동문을, 또 다른 이에게 서문을 각각 제수하였다고 기록되어 있다. 이는 당시 동학교단을 책임지고 있던 최, 강, 유의 비중을 보여주면서도 해월이 그 정점(북문)에 있음을 강조하는 것이라 할 수 있다.

『侍天敎宗繹史』——

主顧左右曰, 某三人, 特授以上才. 某五人, 某年月日當復授如此. 其外二十餘人, 日後又當次第定授矣. 主因起身下臺, 臺下之門有四. 其上臺有二十餘人, 中臺有百餘人, 下臺則不知其幾何人. 主至北門, 大書(天門開坼子方門)七字顏于門楣. 三回口誦, 三回手擊, 聲如雷. 師亦從而擊之, 寂然無聲, 心異之. 又問其故, 主曰, 容當有聲, 將命言旋. 師曰, 何遽如是. 主曰, 吾於天主, 有稟明事而未果, 故如是逡返矣. 俄有一人, 自外驟入. 敞衿露胸求謁, 師曰, 何若是無禮請謁乎. 主曰, 此人當從需用, 君勿執咎. 又書寒溫飽三字, 授之曰, 寒用溫字, 溫用寒字, 饑用飽字. 又曰, 各授以良平之智, 韓歐之文, 陶猗之富. 師覺而異之曰, 此吾道大闡之時機也.(第二編 第七章〈設儀祭文〉)

41

갈래산에서 도를 닦다
葛山研道圖

정해년(1887) 3월, 대신사가 정선군 갈래산에 들어와 단을 열고 도를 펼쳤다. 무릎을 꿇고 앉아 눈이 감길 틈을 주지 않고 옆구리를 바닥에 대지 않았다. 49일이 되는 때에 마쳤는데, 기일이 찼을 때 부계하여 시를 얻었다.

丁亥三月, 師入旌善郡葛來山, 開壇演道. 斂膝危坐, 目不承睫, 脅不貼席. 終七七之期, 期滿扶乩得詩.

해제 ——

1887년 3월 회갑을 맞은 해월은 14년 전 겨울 기간 동안 기도와 수련을 행했던 태백산 적조암으로 다시 산공(山工)을 떠나게 된다. 14년 전 해월과 함께 적조암을 다녀온 바 있는 유시헌(당시 이름은 유인상)이 기도 여행의 비용을 대고 손천민과 서인주가 동행했던 것으로 보인다. 〈갈산연도도〉는 당시 태백산 적조암을 다시 찾아 49일간 기도했던 내용을 다루고 있는데, 『회상영적실기』에는 이에 대응할 만한 도설을 갖추고 있지 않다.

본문에 나와 있는 정선군 갈래산은 현재 정선군 고한읍에 있는 함백산을 말한다. 함백산은 태백산 북쪽에 위치해 있지만 당시에는 태

■ 갈래산葛來山: 정선군 고한읍에 있는 함백산. ■ 부계扶乩: 저절로 감응하여 상제 등의 초월적 존재에게 글 등의 메시지를 받는 것. 강필.

백산으로 통했다. 다만 함백산 일대를 특정해서 부를 때는 흔히 그곳의 갈래사(정암사)와 맥이 통하는 갈래산이라고도 하였다. 그것은 정암사를 지을 때 칡넝쿨을 따라와 사찰의 입지를 잡게 되었다는 설화에 근거한다고 할 수 있다. 정선군 고한읍 고한리를 상갈래, 중갈래, 하갈래 마을로 나누어 부르는 것도 그 흔적이라고 할 수 있다.

해월이 입산하여 수도에 정진했다는 곳은 두말 할 나위 없이 자신이 경험한 바 있는 갈래산의 적조암이었을 것이다. 인생의 전환기에 놓인 회갑을 맞이하여 14년 전 철수좌 스님을 만나 동학의 재건에 밑거름이 될 만한 종교적 힘을 비축하였던 곳을 다시 찾아 제2의 종교인생을 설계하였을 것이다. 당시 60세 노인이 수도에 임하는 자세는 대단히 진지하였고 맹렬하였다. 〈갈산연도도〉에 묘사된 도상은 층대의 단 위에 해월이 무릎을 꿇고 손을 모으고 있는 장면이다. 도설 내용을 통해 졸거나 눕지 않은 채 조금의 흐트러짐도 없이 기도의 자세를 유지하며 용맹정진했던 해월의 독공(篤工) 이미지를 강조하고 있다. 당시 49일간의 독공을 마친 해월이 부계하여 얻었다는 시가 『시천교종역사』에 실려 있다.

뜻밖의 사월에 사월이 오니
금선비 옥선비에 또 옥선비라
오늘 내일 또 내일

뭣뭣을 알고 또 뭣을 알 것인가

날이 가고 달이 오고 새로운 날이 오니

천지정신이 나로 하여금 깨우치게 하시네

『侍天教宗繹史』———

　三月二十一日, 卽師之六十一歲初度也. 各包教徒屆期齊集, 稱觥
獻壽, 甚盛擧也. 師與徐仁周·孫天民, 往旌善郡劉時憲家, 將行七七之
課. 時憲曰, 葛來山曾是師之開壇演道處也. 卽此修煉, 則一應費用自
可擔夯. 師喜而諾之. 卽入葛來山, 自入工之日, 師斂膝危坐, 目不承
睫, 脅不貼席, 以終七七之期. 期滿, 師得一乩詩曰, 不意四月四月來,
金士玉士又玉士. 今日明日又明日, 何何知知又何知. 日去月來新日來,
天地精神令我曉. (第二編 第八章 〈遺蹟刊布〉)

42

꿈에서 계란을 받다
夢受鷄卵圖

신묘년(1891) 봄 1월, 대신사가 청주군 금성동에 있을 때, 꿈에 제세주가 계란 500개를 주어 대신사가 두 손으로 받들었다. 계란을 어루만져 까 보니, 모두 병아리가 되어 일제히 길게 울었다. 깨어나 그를 이상히 여겨 제자에게 일러 말했다. "우리 교에서 후일 도를 이루는 사람이 마땅히 이 계란 수와 같을 것이다."

辛卯春正月, 師在淸州郡金城洞, 夢主贈以五百鷄卵. 師雙手擎奉. 按卵剖視, 盡化雛鷄, 一齊長鳴. 覺而異之, 謂門弟子曰, "吾敎中後日成道之人, 當如此卵數矣."

해제 ———

본서의 〈몽수계란도〉와 짝을 이루는 것이 『회상영적실기』의 〈추계장명도(雛鷄長鳴圖)〉이다. 〈몽수계란도〉와 〈추계장명도〉 모두 1891년 1월의 행적으로 기록하고 있으나 『시천교종역사』는 1월이 아닌 10월의 일로 적고 있다. 〈몽수계란도〉는 꿈속에서 수운이 해월에게 계란 500개가 담긴 거대한 계란꾸러미를 전달하는 장면을 묘사하고 있고, 〈추계장명도〉는 두 인물의 묘사 이외에 계란이 담긴 큰 바구니와 그 옆에 부화한 병아리 수십 마리를 함께 표현하고 있다. 갑오년을 앞두고 펼쳐지던 동학의 기세를 계란의 부화와 장명(長鳴)으로 상징화했

■ 추계雛鷄: 병아리.

다고 보여진다.

『侍天教宗繹史』───

辛卯春正月十五日, 師移寓于公州郡薪坪里尹相五家. 望月而有言
曰, 月亦食食. 門弟子莫省其理, 默無以對. 諸生問天地理氣之原, 師指
蒼天曰, 彼非天也. 曰何爲其然也. 曰人之一動一靜, 卽天地混元之氣
也. 十月, 師在淸州郡金城洞. 夢主贈以五百鷄卵. 師雙手擎奉按卵剖
視, 盡化雛鷄, 一齊長鳴, 而獨二卵腐而不孵, 覺而異之. 謂門弟子曰,
吾教中後日成道之人, 當如此卵數矣.(第二編下 第九章〈誘掖教徒〉)

43

소장을 올려 신원을 부르짖다
陳疏叫冤圖

계사년(1893) 2월 11일, 대신사가 제세주를 신원하는 일로 박광호·박석규 등으로 하여금 소장을 받들고 광화문 앞에 나아가 엎드리도록 하였다. 13일, 사알이 말로 전한 임금의 비답을 공경히 받들었다. "너희들은 각자 집으로 돌아가 편안한 마음으로 생업에 종사하도록 하라. 그렇게 하면 마땅히 바라는 대로 허락하여 그를 시행할 것이다." 그리하여 사방의 교도들은 차례차례 고향으로 돌아갔다.

癸巳二月十一日, 師以主伸寃事, 使朴光浩·朴錫奎等, 奉章進伏于光化門前. 十三日, 祗承司謁口傳下批. 曰, "爾等各歸家安業, 則當依願許施"云, 故四方教徒次第歸鄕.

해제 ——

호남에서 북진하는 동학과 호서로 서진하는 동학의 기세가 점차 거세지기 시작하면서 교조의 신원을 위한 구체적인 움직임이 본격화되었다. 1892년 10월의 공주집회와 11월의 삼례집회를 거쳐 1893년 2월 경복궁 광화문 앞에서의 신원운동이 전개되었다.

사실, 상소문을 작성해 교조신원운동을 전개하기까지 서인주, 서병학 등이 적극적으로 교조의 신원운동을 벌이자고 해월에게 요청하

■사알司謁: 임금의 명령을 전달하는 일을 맡은 관직. ■하비下批: 임금께 올린 글에 대해 임금이 가부(可否)를 비답해 내림. ■안업安業: 편안히 업무에 종사함.

였으나 20여 년 전 이필제 난을 통해 커다란 좌절을 겪었던 당사자로서 해월은 신중할 수밖에 없었을 것이다. 그러나 호남의 남접동학과 호서의 북접동학이 점차 합류하면서 힘의 발산은 쉬이 억누를 수 있는 것이 아니었다. 결국 손천민이 소를 짓고 박광호와 박석규를 비롯한 교도들이 참여하는 광화문 앞 복합상소가 전개되었으며, 조정에서 회유책을 담은 비답을 내리자 교도들이 귀향하는 것으로 마무리되었다.

〈진소규원도〉는 『회상영적실기』의 〈봉소진복도(奉疏進伏圖)〉와 내용상 일치한다. 두 도설 모두 비슷한 구도로 광화문 앞 복합상소운동을 묘사하고 있다.

『侍天敎宗繹史』

二月初吉, 徐丙鶴先爲上京. 後八日金演局·孫天民等, 率數萬敎徒, 扮作科儒, 一齊赴京. 定奉疏都所于漢城南署南小洞崔昌漢家. 徐丙鶴頓無進伏之意, 欲令敎徒, 換着兵服, 協同隊兵, 鏖打政府奸黨爲言, 金演局牢拒不聽. 乃於十一日, 奉疏進伏光化門外. 其時陳疏敎人及疏本, 開錄如左. … 十三日, 因司謁口傳下批曰, 爾等各歸家安業, 則當依願施之云. 故四方敎徒次第歸鄕.(第二編下 第十章〈爲師訟冤〉)

44

보은 장내에 모이다

帳內會集圖

계사년(1893) 3월, 대신사가 각처의 교인들이 더욱 관리의 압박을 받음으로 인하여 마침내 보은 장내로 갔다. 여러 교인을 모이도록 하여, 다시금 스승의 신원을 꾀하니, 모인 교인들의 수가 수십만이었다. 교인들은 장대를 들어 올려 기를 삼고 돌을 모아 성을 만들었다. 읍하고 겸양하며 나아가고 물러서는 것이 위의가 있었으며, 노래를 부르고 주문을 외움이 화기애애하였다.

癸巳三月, 師因各處教人之益受官吏厭迫, 遂徃報恩帳內. 使諸教人來會, 期欲更伸師寃, 教人來會者數十萬. 揭竿爲旗, 聚石爲城, 揖讓進退, 威儀濟濟, 歌咏誦呪, 和氣融融.

해제 ———

〈장내회집도〉와 다음의 〈봉칙배사도〉는 1893년 3월부터 4월 사이에 벌어진 보은집회를 연속적으로 다루고 있는 도설이다. 『회상영적실기』의 경우에도 〈장내대회도(帳內大會圖)〉와 〈봉칙배사도(奉勅拜謝圖)〉를 연이어 싣고 있어 유사한 구성을 보여준다.

보은집회 한 달 전인 1893년 2월 동학도들은 광화문 복합상소를 마치고 자진 해산하였으나 교도들에 대한 지방 관리들의 협박이 여전하자 해월은 다시금 보은집회를 기획하기에 이른다. 3월 10일 수운의

■ 장내帳內: 현재 보은군 보은읍 장내리. 장안. ■ 제제濟濟: 엄숙하고 장함.

장내 동학취회지(보은)

기일에 맞춰 청산군 포전리의 김연국 집에 모여든 해월을 비롯한 동
학 지도부는 보은군 장내의 대규모 집회를 결의한다. 보은집회에 대
한 결의가 각포의 동학도들에게 전달되자 수많은 동학도들이 보은군
장내리로 몰려들었다. 그들은 기치를 내걸고 돌담을 쌓으며 일사분
란한 응집력을 보여주었으나 무력적인 항쟁은 삼가고 종교적이면서
도 평화적인 시위를 벌여 나갔다.

『侍天敎宗繹史』──

　三月十日, 師行主之遭難禮式于青山郡浦田里金演局家. 時孫秉熙·
李觀永·權在朝·權秉悳·任貞宰·李元八, 竝參駿奔之列. 是夜諸門徒進告曰, 官吏之恫喝壓迫去益滋甚, 各包教人, 其將盡劉乃已. 哀此生命, 何以支保乎. 師曰, 以我光明正大之无極大道, 豈無辨明之理乎. 俺將前往報恩帳內矣. 諸君須卽通諭各包, 使八道教徒一齊來會也. 其文略曰. … 翌日, 師至報恩帳內. 各包教徒, 如風撼潮湧, 雲塡霧集, 不期而會者數十萬, 各揭竿爲旗, 聚礫成城. 揖讓進退威儀濟濟, 歌詠誦呪和氣融融. (第二編下 第十章〈爲師訟冤〉)

45

칙명을 받들어 감사의 뜻을 표하다
奉勅拜謝圖

보은 장내에 회집하였을 때, 선유사 어윤중이 칙명을 받들고 내려와 교인의 동정을 은밀히 살폈다. 손에는 작은 무기도 없었으며, 굳은 일념으로 스승의 신원을 위할 따름이었다. 어윤중은 마침내 실제에 근거해 계를 올리니, 조정은 다시금 어윤중에게 위유사를 맡겼다. 4월 2일, 임금의 말을 받들어 모임 가운데로 가서 본군수 이규백에게 임금의 뜻을 낭독하도록 하였다. 교도들이 일시에 눈물을 닦으며, 북쪽을 향해 네 번 절하였다.

帳內會集時, 宣諭使魚允中, 奉勅下來, 密探教人之動靜. 手無寸鐵, 斷斷一念, 爲師伸雪而已. 允中遂據實啓聞, 自廟堂更以允中爲慰諭使. 四月二日, 奉勅語來會中, 使本郡守李圭白, 朗讀宣旨. 教徒一時抆淚, 向北四拜.

해제 ——

1893년 3월에 전국에서 몰려든 수많은 동학도들은 선유사 어윤중이 계문하였듯이 무력적인 방식을 의도하지 않았다. 이를 간파한 조

■선유사宣諭使, 위유사慰諭使: 지방에 변고가 있을 때 그 사정을 살피고 백성을 위로하기 위해 임금이 보냈던 임시직. 시기와 상황에 따라 호칭이 다른데, 이외에 선무사(宣撫使), 위무사(慰撫使), 안무사(按撫使) 등이 있다. ■촌철寸鐵: 작고 날카로운 무기나 쇠붙이. ■신설伸雪: 원한을 풀고 부끄러움을 씻음. 신원설치(伸冤雪恥). ■계문啓聞: 임금에게 아룀. ■묘당廟堂: 조정(朝廷).

정은 어윤중을 다시 위유사로 파견하여 몰려든 교도들을 회유하게 하였고, 이것이 주효하여 동학도들은 4월 초에 해산하고 말았다. 보은집회와 비슷한 시기에 호남에서 집결했던 금구집회를 마지막으로 평화적인 신원운동이 마감되고 이후 갑오년의 무력적인 동학운동이 전개되었다.

『侍天敎宗繹史』──

宣諭使魚允中, 奉勑下來, 密探敎人之動靜. 手無寸鋖, 斷斷一念, 爲師伸雪而已. 魚允中, 遂據實啓聞, 自廟堂更以魚允中爲慰諭使. 乃於四月二日, 允中奉勑語來會中, 使本郡守李圭白, 朗讀宣旨已, 大衆敎徒, 一時拂淚, 向北四拜.(第二編下 第十章〈爲師訟冤〉)

46

남접을 타일러 깨우치다

南接曉諭圖

갑오년(1894) 봄, 전봉준이 남접을 칭하여 호남에서 의병을 일으켰는데, 백립을 쓰고 백의를 입었다. 진법은 삼삼오오로 하였고, 깃발은 청홍흑백황 다섯 색을 썼으며, 대포와 말을 거두어 취하고, 대를 깎아 창을 만들고 바랑을 만들어 각자 어깨에 메었다. 어깨에는 궁을 두 자를 붙였다. 그 세가 심히 치성하여 민심을 흔들었다. 대신사는 이들이 지도를 따르지 않고 재앙의 실마리에 이르게 될까 우려하였다. 마침내 별도로 도금찰(都禁察)을 택하여 각 포(包)를 단속케 하고, 각자 교리를 궁구하기를 도모하여 망동(妄動)치 못하게 하였다.

甲午春, 全琫準稱以南接, 倡起於湖南, 戴白笠, 穿白衣. 陣以三三五五, 旗用靑紅黑白黃五色, 收取砲馬, 削竹爲鎗, 製鉢囊, 各擔於肩, 肩弓乙二字. 勢甚熾傾動民心, 師憂其不遵指敎馴致厲階, 遂另差都禁察, 鈴束各包, 使各益究敎理, 勿爲妄動焉.

해제 ──

해월 최시형을 중심으로 독실한 신앙운동과 온건한 정치 행위를

■ 창기倡起: 의병을 일으킴. ■ 백립白笠: 상중(喪中)에 쓰던 흰 갓. ■ 지교指敎: 지도하여 가르침. ■ 순치馴致: 어떤 상태에 이르게 함. ■ 여계厲階: 재앙을 받게 될 실마리. ■ 영속鈴束: 휘하의 군졸들을 단속함. ■ 망동妄動: 망령되이 행동함.
* 鈴: 저본에는 '衿'으로 되어 있으나, 『侍天敎宗繹史』에 의거하여 '鈴'으로 바로잡았다.

전개하려던 북접과는 달리 호남의 남접은 자신들의 이상을 좀 더 공세적으로 펼쳐나가려 했다. 교단을 이끌며 여러 차례 교난을 수습해 온 해월은 교조의 신원운동을 이끌면서도 늘 자제하고 신중하게 처신할 것을 권고하였다. 그러나 해월의 당부에도 불구하고 그것을 뛰어넘는 힘의 분출이 갑오년 정초부터 일기 시작하였다.

1894년 1월 탐관오리의 학정에 시달린 호남의 농민과 동학교도들의 불만이 극에 달하였다. 드디어 전봉준이 고부군수 조병갑의 탐학과 수탈에 저항하기 위해 거병하기에 이르렀다. 교조의 신원운동을 통해 다져진 동학의 응집력과 농민의 저항이 합세하면서 동학농민운동은 호남지역으로 확대되어 나갔다. 전봉준이 의병을 일으키면서 백립(白笠)과 백의(白衣) 차림이었던 것은 동진강 만석보의 수세(水稅) 포탈을 비롯한 각종 거출로 농민을 압박하던 조병갑에 의해 장살 당했던 부친 전창혁의 상기(喪期)를 표식하려는 의미였다고 한다.

무기와 진법을 갖춘 의병이 구성되자 민심이 더욱 가세하였고, 1894년 3월 전봉준(동도대장), 손화중(총관령), 김개남(총관령), 오지영(총참모), 최경선(영솔장) 등의 지도부가 결성되면서 1차 봉기한 동학농민군은 관군을 압도하기에 이르렀다. 이러한 상황이 전개되기에 앞서 해월은 납접의 선동이 자칫 교단 전체에 화를 입히게 할까 염려하며 단속과 감찰을 시도하고 여러 차례 잠거수도(潛居修道)하라는 효유문을 보냈지만, 더 이상 그 기세를 통제할 수 없는 지경에 이르고 말았다. 1894년 4월 동학농민군은 황토현 전투를 승리로 이끈 후 그 달 말에 드디어 전주성에 입성하게 되었다.

『侍天敎宗繹史』──

歲甲午[明治二十六年, 西曆一千八百九十三年, 李朝開國五百三年]正月五日, 師開講席于文巖. 時全琫準於湖南古阜郡境內, 發布告文. 會集郡民于本郡馬項市, … 因駐紮于長城. 其陣法以三三五五, 作滿天之星象, 旗幟用靑黑白黃紅五色, 所到收取砲馬, 削竹爲鎗. 又製鉢囊, 各擔於肩, 琫準戴白笠, 穿白衣[表父喪], 長不滿七尺, 手掛百五念珠, 口轉三七聖呪. 使各砲士, 肩粘弓乙二字. … 先是琫準之起於湖南也, 師遺書以戒曰, 欲湔亡父之讐孝也. 欲拯生民之困仁也. 孝之所感, 人倫可明, 仁之所推, 民權可復. 雖然經不云乎. 玄機不露, 勿爲心急. 此是先師之遺訓也. 運旣未開, 時亦未至, 勿爲妄動. 益究眞理, 毋違天命也. 是時各處敎徒, 聲言輔國安民, 爭相揭竿而起. 師憂其不遵指敎, 馴致厲階. 遂另差都禁察, 鈴束各包, 爲文通諭.(第二編下 第十一章〈甲午敎厄〉)

47

청산에 모이다
靑山會集圖

갑오년(1894) 9월, 대신사가 교도들이 참살당하였다는 보고를 듣고 장차 임금에게 원한을 호소해 교조의 원을 풀고 교도들의 생명을 구하려 각 포의 교도를 소집하였다. 이에 각처의 교도들이 와, 청산의 장석에게 나아간 이가 매우 많았다.

甲午九月, 師聞教徒慘殺之報, 將欲叫寃於天陛, 伸師寃救生命, 而招集各包教徒. 於是各處教徒之來詣于青山丈席者甚衆.

해제 ──

1885년 해월은 단양 생활을 접고 보은으로 이주하였다. 1893년 8월 청산군 문암리(문바윗골)로 옮겨온 뒤로는 청산이 동학의 지휘소였다. 해월은 당시 갑오년 동학농민운동을 주도하던 남접에 대한 효유와 권고가 수용되지 못한 채 교도의 희생자가 계속 늘어나자 조정을 향해 신원과 생명 구제를 직접 호소하기 위한 대규모 청산 집회를 소집하였다. 이후 해월은 여전히 종교적 경건성과 교규의 준수 등을 강조하며 각처의 교도들을 효유하는 일을 포기하지 않았으나, 청산 집회 이후 북접의 교도들도 남접과 합세하여 크고 작은 전투를 벌여나갔다.

1894년 5월 동학농민군과 정부가 화약을 맺고 집강소 설치와 폐정

■천폐天陛: 제왕이 거처하는 궁궐의 섬돌. 곧 궁궐이나 임금을 뜻함. ■장석丈席: 해월 최시형을 가리킴.

개혁안의 실천을 조율해 가는 즈음에 일본군이 불법으로 경복궁을 점령하고 개화파 정부를 옹립한 후 청과 전쟁을 벌이게 되었다. 이에 전주화약을 맺고 전주성을 빠져나온 이래 잠잠했던 동학농민군이 척양척왜의 기치 아래 재집결하면서 2차 봉기가 시작되었다. 7월의 공주민회와 8월의 남원대회를 거치면서 삼례에서 집결이 이루어졌는데, 당시 삼례 회담을 계기로 1차 봉기에 거리를 두었던 북접도 연합하여 동학농민군의 반외세 투쟁에 합세하게 된 것이다.

『**侍天教宗繹史**』──

是月十八日, 師聞教徒慘殺之報, 將欲叫冤於天陛, 伸師冤救生命, 而招集各包教頭. 於是各處教徒之來詣于靑山丈席者十餘萬人.(第二編 下 第十一章〈甲午教厄〉)

48

산길로 화를 피하다
山路避禍圖

갑오년(1894) 겨울, 대신사가 임실에 와 머무를 때, 장성에서 흩어져 도망한 교도들이 수만이었다. 대신사의 소재를 듣고 찾아와 배행하며 산간 후미진 길을 따라 멀고 험한 길을 나아갔는데, 이들 수만 교도들의 발자취를 아는 이가 없다.

甲午冬, 師來留於任實地時, 長城散亡之教徒數萬, 聞師所在, 前來 陪行, 從山僻間路, 間關前進, 而數萬教徒之足跡, 人無有知者.

해제 ──

〈산로피화도〉는 동학농민혁명 기간 중에 해월이 1894년 11월부터 임실-영동-청주-충주로 거쳐 가며 관군 및 일본군과 겪었던 위기 상황을 극복했던 여러 에피소드들 중의 하나인 임실의 사례를 다루고 있다. 『시천교종역사』의 기록에 따르면, 해월 최시형과 구암 김연국은 1894년 11월 당시 임실군 갈담역(葛覃驛)에 머물렀던 것으로 확인된다. 당시 관군에 밀려 전주로부터 정읍과 태인으로 쫓겨온 뒤 다시 장성 북쪽 노령을 넘어와 갈 길을 잃은 수만의 군중들이 때마침 임실에 와 있는 해월과 김연국의 체류 소식을 듣고 그들과 합류하였던 것으로 보인다.

본서의 〈산로피화도〉는 수만의 교도가 경군과 일본의 군대에 노

■ 배행陪行: 윗사람을 모시고 따라 가거나 옴. ■ 간관間關: 멀고 험한 길을 가다.

출되지 않고 험로를 빠져나온 임실 탈출기를 묘사하고 있다. 임실에
서 빠져나온 뒤 10여 일 후에 해월 일행은 다시 영동의 용산 장대에
서 위기에 맞닥뜨리는데, 그때 관군의 포위망을 돌파해 나온 이적담
에 대해서는 『회상영적실기』의 〈용산면화도(龍山免禍圖)〉에 소개되
어 있다.

『侍天敎宗繹史』──

時各處散亡敎徒, 至全州郡, 聞京營兵之躡後. 又遁至金溝之院坪,
爲京兵所敗, 更聚于井邑·泰仁等地, 餘衆尙數萬. 前踰長城郡北之蘆
嶺, 莫適所之. 聞師與金演局, 來留於任實等地, 歡喜過望. 各前來陪
行, 從山僻間路, 間關前進, 而數萬敎衆之足跡, 無人知者. 京軍與日兵,
迭相先後, 而一無撞着焉.(第二編下 第十一章〈甲午敎厄〉)

49

부계하여 도통을 전수하다
扶乩傳鉢圖

병신년(1896) 1월 11일, 대신사가 손천민에게 부계하도록 명하여 시 한 구를 얻었다. "훈도하시어 의발을 전하여 주시는 은혜를 입었으니, 훈도하여 의발을 전해주신 은혜를 마음으로 지킨다."

丙申正月十一日, 師命孫天民扶乩, 得一句詩. 曰, "荷蒙薰陶傳鉢恩, 守心薰陶傳鉢恩."

해제 ——

1894년의 동학농민운동은 실패로 막을 내렸다. 이후 해월은 김연국, 손천민, 손병희 등과 더불어 강원도 일대를 전전하며 피신생활을 지속하였다. 1895년 1월 인제군 남면 최영서의 집에 몸을 숨기고 그곳에서 거의 1년의 시간을 보내야 했다. 그 뒤 12월에 제자들과 함께 원주 수레촌으로 옮겨가 피신 생활을 계속했다. 그리고 한 달 뒤인 1896년 1월에 해월은 하늘로부터 받은 강결의 형식을 빌려 제자에게 도통을 전수하였다. 사실, 당시의 해월에게는 3명의 주요 제자(김연국, 손천민, 손병희)가 있었고, 이들 셋이 갑오년 이후 인제와 원주로 장기간 도피 생활을 하던 해월과 동행했던 최측근들이다. 본문에 나와 있는 대로 해월은 손천민으로 하여금 강결의 시를 얻어내도록 했

■ 부계扶乩: 저절로 감응하여 상제 등의 초월적 존재에게 글 등의 메시지를 받는 것. 강필. ■ 훈도薰陶: 교화하여 훈육함. ■ 전발傳鉢: 의발을 전해 줌. 제자에게 교법을 전수함.

다. 1893년 광화문 복합상소문을 지었던 손천민이지만 부계(扶乩)를 통해 강화의 가르침을 얻어내는 일은 종교적 감수성을 요하는 일이 었을 것이다. 당시 손천민을 통해 얻은 14자의 강결시는 인간의 자의 적 의사가 아니라 천의에서 비롯된 도통전수의 가르침임을 강조하고 있으며, 해월은 세 제자의 합심을 당부하며 구암(龜菴, 김연국), 송암(松 菴, 손천민), 의암(義菴, 손병희)의 도호를 그들에게 각각 내렸다고 한다.

손천민이 부계를 통해 얻은 강결의 시는 도통(전발)의 의미를 담 고 있어, 그것이 누구에게로 귀속될 것인가가 관심의 대상이었다. 즉 도통전수의 대상이 누구인가가 중요할 수밖에 없다. 본문에서는 어 느 일인에게 그것을 특정하지 않고 해월의 수제자 3암에게 공유되는 가르침이었음을 암시한다. 이는 천도교 측의 기록에서도 대체로 일 치하는 부분이다. 다만, 『천도교서』(1920년 등사본)나 『천도교창건사』 (1933)에서는 이후 1897년 12월 24일에 해월이 3암 중에 주장이 필요 하다며 의암을 북접대도주(北接大道主)로 삼았다고 강조한다. 한편, 본서의 〈부계전발도〉와 유비될 만한 『회상영적실기』의 〈하몽전발도 (荷蒙傳鉢圖)〉에서는 당시의 도통전수를 특정인에게 확정짓고 있다. 즉, 〈하몽전발도〉의 경우 손천민이 작성한 도통전수를 담은 강결의 시를 해월이 특별히 구암 김연국으로 하여금 간직하게 했다고 도설 함으로써 해월에게서 구암으로 이어지는 도통론을 강조하고 있다. 『회상영적실기』가 김연국을 대교주로 삼았던 시천교총부에서 발간한 책이었다는 점을 상기한다면 이 부분은 자연스럽게 이해될 수 있을 것이다. 이러한 흐름은 1920년에 시천교총부에서 펴낸 『시천교역사』에서도 다시 한 번 확인된다.

『侍天敎宗繹史』 ──

丙申正月十一日, 師命孫天民, 扶乩得一句詩. 曰, 荷蒙薰陶傳鉢恩, 守心薰陶傳鉢恩.(第二編下 第十二章 〈戊戌遭難〉)

50

전거언리에서 화를 면하다
巨彦免禍圖

무술년(1898) 1월, 대신사가 원주의 전거언리에 머물렀다. 이천 군의 관례와 여주에 주둔한 병정 수십 인이 돌연 들이닥쳐 수색하고 체포하려 함이 매우 급하였다. 대신사가 그때 이질에 걸려 침상에 누워 있었는데, 병정과 관례 무리가 누구인지 알지 못하고 돌아 나갔다. 그들은 김연국의 집으로 옮겨 들어가 김낙철을 체포하여 갔다.

戊戌正月, 師在原州之前巨彦里寓舍也. 利川郡官隷及驪州駐兵數十人, 突入搜捕甚急. 師方患痢委床. 兵隷輩, 莫知其誰何仍還出, 轉入金演局家, 逮捕金洛喆以去.

해제 ——

1897년 8월 해월은 원주 전거언리(前巨彦里)로 거처를 옮겼고, 두 달 뒤 구암 김연국도 해월을 따라 전거언리로 이주했다. 당시 원주 전거언리는 지금의 경기도 여주시 강천면 도전 2리 전거원동(全巨院洞) 지역으로 추정되는 곳이다. 해월 당대에는 강원도 원주에 속하였지만 이후 행정개편을 거치면서 경기도 여주로 편입된 곳이라 할 수 있다. 1914년 일제에 의해 행정개편이 이루어질 때에는 전거론리(全巨論里)로 불렸으며, 당시 인근의 도성리(道城里)와 전거론리를 통칭해

■ 전거언리前巨彦里: 해월이 피신하며 머물렀던 원주의 옛 지명. 현재 경기도 여주시 강천면 도전2리(전거론) 일대로 추정. ■ 관례官隷: 관가에서 부리는 하인. ■ 주병駐兵: 군대를 주둔시킴. 또는 그 군대. ■ 수포搜捕: 찾아서 체포함.

'도전리'라는 지명이 탄생하였다. 40여 년전 삼암 표영삼 선생께서 손수 여주 도전리의 전거론리를 답사하며 동학사에 전해지는 전거언리가 그곳일 것이라 비정하였지만, 다양한 이칭들(전거언, 전거론, 전거원, 전걸언)을 관통하고 있는 지명 유래에 대해서는 해결하지 못했었다.*

본서의 〈거언면화도〉는 본문 내용에도 나와 있듯이 전거언리에서 관병의 수색으로부터 벗어난 이적을 다루고 있다. 도설의 제목에 등장하는 '거언리'와 도설의 본문 내용에 기록된 '전거언리'는 어느 한쪽의 오기라기보다는 서로 통하는 동일 지명일 것이다. 즉 전거언리를 '거언리 앞뜰' 또는 '앞 거언리'로 이해하면 문제가 없을 것이며, 지명을 추적하는 데 있어서도 도설 제목의 거언리에 초점을 맞춰 보는 것이 현명하리라 본다. '거원(巨院)', '거은(巨隱)', '거언(巨彦)' 등은 한자의 뜻 자체보다는 '건너'라는 우리말을 한자로 표기한 것이라 할 수 있다. 가령, 거은리평(巨隱里坪, 건넌들)과 보 이름으로서의 거은보(巨隱洑, 거넌들보)**의 용례에서 알 수 있듯이 '거은'은 건너들 혹은 건넛마을을 뜻하는 지명이고 발음상 거언리(巨彦里)와도 통한다고 할 수 있다. 도전리 전거원동에 쓰인 '거원(巨院)'도 거은, 거언과 마찬가지로 '건너'를 뜻한다고 할 수 있으며, 이칭인 전거론리의 '거론' 역시 '거넌들

---

* 『신인간』 360호(1978년 9월 1일), 「여주 전거언」.
** 『朝鮮地誌資料(강원도편)』, 경인문화사, 2007, 143-144쪽.

보(巨隱洑)'의 용례에서 보이는 건너의 유사 발음 '거년'과 통한다고 할
수 있다.

거언, 거원, 거은, 거론 등이 '건넛마을' 혹은 '건너들'과 상통한다면
전거원동 혹은 전거론리 등은 건너들의 앞뜰, 즉 건너들과 마주보고
있는 앞마을 정도가 될 수 있다고 본다. 실제로 경기도 여주시 도전2
리 전거원동 개울 건너 맞은편에 '건너들'이라는 지명이 남아 있는 것
으로 파악되고 있다. 결론적으로 해월이 머물며 화를 면했던 원주의
전거언리는 몇 차례 행정개편을 거쳐 여주시 강천면 도전리로 편입
된 전거원동 일대로 추정되며, 내용적으로는 건너들 맞은편 앞마을
을 뜻하는 지명이었다고 할 수 있다.

당시 이천군에 주둔해 있던 관병이 대대적으로 수색을 벌여 이용
구, 신택우, 권성좌를 잡아들이고는 이들에게 해월의 거처를 집요하
게 탐문하였다고 한다. 고문을 견디지 못한 권성좌가 원주 전거언리
를 지목하는 바람에 1월 4일 수십 명의 병정이 해월의 거처로 들이닥
쳐 수색을 해댔지만 태연하게 누워 있던 해월을 뻔히 보고도 지나친
채 인근의 김연국의 거처로 옮겨가 그곳에 있던 김낙철을 대신 체포
해 갔다는 게 〈거언면화도〉의 전말이다. 〈거언면화도〉는 『회상영적
실기』의 〈언와면액도(偃臥免厄圖)〉와 대동소이하다.

전거언리 전경(여주)

『**侍天敎宗繹史**』──

翌年戊戌正月初一日, 利川郡出駐兵丁及官隷, 大行搜捕敎人. 李容九被捉於忠州郡外西面豆衣洞. 申澤雨・權聖佐, 陰竹之鶯山洞亦爲被捉. 是時戢捕官吏, 四面羅織, 追躡師之蹤跡. 諸被捉敎人, 亂施拷掠, 盤査鉤覈, 聖佐不堪鞭扑. 四日早朝, 帶同利川官隷, 及驪州駐兵數十人, 突入原州之前巨彦里師之家. 師患痢委床, 謂金演局・孫秉熙等曰, 死生有命, 禍福由人. 惟至誠祝天可也. 此運若垂盡則已. 不然必有自然免禍之道矣. 頃之, 兵隷恣行搜索, 師偃然高臥. 兵隷輩仍爲還出, 轉入金演局家, 逮捕金洛喆以去.(第二編下 第十二章〈戊戌遭難〉)

51

한 줄기 광선이 앞을 인도하다
一條光線圖

이날 밤, 대신사가 휘장을 두른 가마를 타고 거언리에서 출발하니 문도 이용한, 이춘경이 가마 다리를 이고, 손병희, 손병흠 등은 서로 지키며 뒤를 모시며 따라왔다. 숲은 깊고, 길은 어두웠는데, 한 줄기 광선이 나타나 앞을 인도하였다. 1리 남짓 가서 산에 있는 집에 묵었다.

是夜, 師乘帷轎, 由巨彦里發, 門徒李容漢·李春敬擔轎杠, 孫秉熙·孫秉欽等, 相與護持陪後. 林深路黑, 見有一條光線, 引導於前. 間關約一里許, 寓宿於山幕.

해제 ——

앞 도설인 〈거언면화도〉에 이어지는 내용이다. 〈거언면화도〉가 낮에 벌어졌던 사건이라면 〈일조광선도〉는 같은 날 밤에 일어난 이적이라 할 수 있다. 한바탕 난리를 피한 해월은 1898년 1월 4일 한밤 중에 김연국, 손병희, 손병흠의 호위를 받으며 가마에 몸이 실려 원주에서 지평으로 옮겨지는 상황이었다. 깊은 산속 칠흑 같은 밤길이었지만 한줄기 광선이 비춰 진로를 계속할 수 있었다는 것이다.

〈일조광선도〉의 도설 내용은 『시천교종역사』와 비교했을 때, 두 가지 차이를 보인다. 하나는 가마꾼 이용한과 이춘경에 대해서는 일치하나 가마길을 호위했던 인물 중에 김연국을 누락시킨 채 손병희, 손병흠 형제만을 지적하고 있다는 것이고, 다른 하나는 광선의 인도를 받고 산막에 닿은 거리를 3리쯤이 아니라 1리쯤이라고 한 부분이다.

거리상의 오차는 사소할 수 있으나 해월과 지근거리에 살며 평생을 시봉했던 김연국을 호위명단에서 누락시킨 것은 작지 않다고 여겨진다.

한편, 본서의 〈일조광선도〉는 『회상영적실기』의 〈영호방광도(靈虎放光圖)〉와 내용상 같은 상황을 다루고 있으나 후자는 한줄기 빛이 큰 호랑이의 안광에서 비롯된 것임을 강조하며 도설의 제목으로 삼고 있는 점이 다르다. 『시천교역사』와 『본교역사』는 〈영호방광도〉를 뒷받침할 문헌 내용을 담고 있다.

『侍天敎宗繹史』 ──

其夜, 師乘帷轎, 由前巨彦里而發, 門徒李容漢·李春敬擔杠, 金演局·孫秉熙·孫秉欽, 護持陪後. 林深路黑, 見有一條光線, 引導於前. 間關約三里許, 寓宿於山幕.(第二編下 第十二章 〈戊戌遭難〉)

52

홀로 앉아 고요히 기다리다
獨坐靜俟圖

무술년(1898) 4월 5일에 대신사가 개교기념식을 행하려 하였다. 앞서 4일날, 문도에게 각자의 집에 돌아가 치성하라고 명하였다. 당일 날 첫새벽, 홀로 예식을 행하셨다. 대신사가 조용히 꿇어앉았는데, 기다리는 바가 있는 듯하였다. 과연 오시(午時, 11~13시)경에 전 참위(參尉) 송경인이 병정과 관례를 많이 거느려 사면에서 포위하여 돌연 들어오니 대신사가 마침내 잡혔다.

戊戌四月五日, 師將行開敎紀念式. 前期四日, 命門徒使之各自歸家致誠. 當日淸晨, 獨行禮式, 師寂然危坐, 若有所俟. 日午頃, 前參尉宋敬仁, 果多率兵隷, 四面包圍, 突如入來, 師遂被逮.

해제 ——

〈독좌정사도〉는 해월이 자신의 피체를 예감하고 조용히 기다리고 있는 상황을 묘사하고 있는 도설이다. 『회상영적실기』도 동일한 제목의 도설로 구성하고 있다. 1898년 1월 4일 원주 전거언리를 떠났던 해월은 지평과 홍천 서면을 거쳐 1898년 3월에 다시 원주 서면(현재 원주시 호저면 고산리 송골)으로 거처를 옮겼다. 그리고 다음달 4월 5일 수운의 득도를 기념하는 교단의 개교기념일 예식을 공식적으로 치르는 대신 각자의 처소에서 예식을 봉행하라 당부하고는 홀로 송경인

■ 위좌危坐: 꿇어 앉다. 바르게 앉다. ■ 참위參尉: 무관 계급의 하나.

이 이끄는 관병에게 피체되었다.

이로써 1861년 34세의 나이에 동학에 입도하고 돈독한 신앙심으로 36세에 도통을 전수받은 뒤 다시 35년을 쫓겨 다니며 맨몸으로 동학을 일군 종교 지도자의 71년 인생이 마감될 운명에 처하게 되었다.

『侍天敎宗繹史』 ——

四月五日, 開敎紀念日也. 師謂門徒曰, 今番禮式各歸其家, 隨力致誠焉. 門徒等皆如命還家. 金演局進請其故, 師曰, 去庚申四月五日, 我濟世主受命于天, 以侍天主, 發先聖所未發之道, 而內有神靈, 外有氣化之理, 使之人人侍天. 由是觀之, 今此紀念式, 各自奉行可也. 時自遠來謁者甚衆. 師命金演局·孫秉熙等, 使之各歸安住. 惟女壻申賢敬[澤雨子侍側, 師又命送金演局家. 師寂然獨坐, 若有所俟. 是日午頃, 前參尉宋敬仁, 多率兵丁官隷, 四面包圍, 突如入來. 師遂被逮.(第二編下 第十二章〈戊戌遭難〉)

해월 피체지(원주)

53

대신사가 순도하다

大神師殉道圖

무술년(1898) 5월 11일, 법부대신 겸 평리원 재판장 조병직, 법부협
판 겸 수반판사 주석면, 수반검사 윤성보가 크게 법정을 열어 두세 차
례 신문하였다. 좌도난정률에 비추어 임금께 아뢰어 재가를 받았는
데, 황급히 어긋난 법을 가하여 선고하였다. 7월 21일 오후 4시에 이
르러 대신사가 감옥서에서 교수형을 받아 조용히 의에 나아가 밝게
순도하였으니 72세가 되던 해였다.

戊戌五月十一日, 法部大臣兼平理院裁判長趙秉稷, 法部協辦兼首
班判事朱錫冕, 首班檢事尹性普, 大開法庭, 再三栲訊. 照左道亂正律,
上奏裁可, 遽加非法宣告. 及於七月二十一日下午四時, 師受絞刑於監
獄署, 從容就義, 犁然殉道, 時年七十二.

해제 ──

1898년 4월 5일 원주에서 피체된 해월은 문막과 여주를 거쳐 서울
에 다다른 뒤, 광화문 경무청에 수감되었다가 서소문 감옥으로 이감
되었다. 5월 11일 평리원에서 재판받고 좌도난정률에 의거 교수형의
선고를 받았다. 행형은 6월 2일(양력 7월 21일) 오후에 육군병원에 마

■고신栲訊: 자백(自白)을 받기 위해 죄인을 신문(訊問)함. ■좌도난정左道亂正:
유교 이외의 다른 삿된 종교로 법도를 어지럽힘. ■감옥서監獄署: 전옥서(典獄署)
의 바뀐 명칭. 감옥을 관장하던 관서(1894~1907). ■이연犁然: 밝게, 분명히.

런된 형장에서 이루어졌다.* 당일 행형 시간에 대해서는 기록마다 약간의 차이를 보이고 있다. 〈대신사순도도〉의 본문에는 하오 4시로 되어 있고, 『시천교종역사』에는 하오 2시로 기록되어 있다. 한편 『회상영적실기』의 〈감옥수형도(監獄受刑圖)〉와 『시천교역사』에는 각각 당일 하오 3시로 표기되어 있다.

〈감옥수형도〉에 비해 본서의 〈대신사순도도〉는 처형 장면을 좀 더 적나라하게 묘사하고 있다. 도상에는 줄에 매달려 몸이 늘어진 해월의 최후 장면과 이를 조선인 관원 1명과 무장 일본병 2명이 바라보고 있는 장면이 담겨 있다. 1904년에 내한하여 수운에 관한 기록화를 그렸던 일본인 화가 시미즈 도운(淸水東雲)은 〈최시형 참형도〉를 남겼는데, 그림 속에는 옥내의 교수형틀에서 형을 집행하는 조선인 2명과 옥외의 조선인 관원 2명 및 일본인 3명이 지켜보는 가운데 숨을 거두고 있는 해월의 참상을 세밀하게 묘사하고 있다.**

『侍天敎宗繹史』——

五月十一日, 法部大臣兼平理院裁判長趙秉稷, 首班檢事尹性普, 法

---

* 해월의 피체로부터 행형과 시신수습에 이르기까지의 과정을 묘사한 자료로는 『신인간』 14호(1927년 7월), 「해월신사의 수형전후실기」 ; 『신인간』 239호(1965년 8월), 「해월신사의 참형실기」를 참조하라.
** 황정수, 『일본 화가들 조선을 그리다』, 이숲, 2018, 140-144쪽.

部協辦兼首班判事朱錫冕, 大開法庭, 始行初審, 繼以行兩次審問. 自二十日以後, 師以暑泄委頓, 精力俱竭, 殆難自振, 而枷鐐之中, 猶誦呪不輟. 五月晦日, 秉稷·性普·錫冕等, 以左道亂正律, 上奏裁可, 遽加以非法, 宣告處絞, 其時上疏構誣之人, 卽黃基寅也. 六月二日[陽七月二十一日]下午二時, 師受絞刑於監獄署, 從容就義, 犁然殉道, 時年七十二歲. 臨刑時, 寫師之眞影數百本, 公示于各道各郡.(第二編下 第十二章〈戊戌遭難〉)

54

천덕산의 성묘
天德聖墓圖

대신사 순도후 3일이 지나 김연국, 손병희, 박인호, 이종옥 등이 유
체를 받들었다. 마침내 반함(飯含)을 하고 수의를 입혀, 광주땅에 임
시로 장사를 지냈다. 이후 경자년(1900) 3월 12일, 이천의 천덕산 건좌
(乾坐)의 묏자리로 이장(移葬)하였다.

大神師殉道後粤三日, 金演局·孫秉熙·朴寅浩·李鍾玉等奉遺體,
遂含襚, 權厝于廣州地. 後庚子三月十二日, 緬襄于利川之天德山乾
坐之兆.

해제 ──

1898년 6월 2일 처형된 해월의 시신은 3일 만에 광희문 밖에 버려
진 것을 이종옥 등이 수습하여 경기도 광주에 가매장하였다. 그리고
2년 뒤인 1900년 3월에 현재 여주시 금사면 주록리에 있는 원적산록
으로 옮겨 면례를 치렀다. 1980년 3월 21일 해월 탄신일에 맞춰 천도
교가 해월묘비를 단장하고 제막식을 거행한 바 있다. 그 뒤로 1993년
해월의 세 번째 부인 손시화(1864~1938)의 묘를 논산 두마면에서 해월

■ 함수含襚: 죽은 사람의 입에 구슬이나 쌀을 물리고, 수의를 입힘. ■ 권조權厝:
임시로 장사를 지냄. 권폄(權窆). ■ 면양緬襄: 무덤을 옮겨 이장함. 면례(緬禮).
■ 천덕산天德山: 광주시, 이천시, 여주시의 경계를 이루고 있는 원적산의 천덕봉.
현재 해월 묘역은 천덕봉 아래 여주시 금사면 주록리에 있음. ■ 건좌乾坐: 건방
(乾方), 곧 북서방(北西方)을 등진 묏자리 혹은 집자리.

의 묘 아랫단으로 이장하여 안치하였고 지난 2000년에 묘비를 건립하여 지금에 이르고 있다.

본서의 〈천덕성묘도〉는 『회상영적실기』의 〈천덕산성묘도〉와 동일한 내용이며, 일반적인 선영도와 마찬가지로 묘자리를 묘사하고 있다. 두 도설 모두 해월에 관한 마지막 도설로 배치되어 있으며, 『회상영적실기』의 경우 책 전체의 마지막 도설이다. 본서의 경우에는 해월 이후 이용구를 비롯한 시천교의 역사를 추가하고 있다.

『侍天敎宗繹史』──

金演局·孫秉熙·朴寅浩·李鍾玉等, 藏踪匿跡, 在外周旋. 鍾玉與仵作金俊植, 結爲兄弟, 祕密出入獄中. 行刑後粤三日, 自監獄署, 始乃棄遺體于光熙門外. 李鍾玉等乘夜冒雨, 僅得含襚權厝于廣州地. 後庚子三月十二日, 緬移于利川之天德山乾坐之原.(第二編下 第十二章 〈戊戌遭難〉)

해월의 묘(여주)

55

해산 대례사의 진영
海山大禮師眞像

海山大禮師真像

대례사의 성은 이씨이고, 이름은 용구이며, 초휘(初諱)는 우필, 상옥, 만식이고, 자는 대유이며, 호는 해산, 도호는 봉암이다. 본관은 벽진이고, 메이지천황의 메이지 원년(1868) 2월 15일, 조선 경상북도 상주군 낙동하면 진두리 집에서 태어났다.

師姓李氏, 諱容九, 初諱愚弼·祥玉·萬植, 字大有, 號海山, 一號鳳庵. 碧珍人, 明治天皇明治元年二月十五日, 生于朝鮮慶尙北道尙州郡洛東河面津頭里第.

해제 ──

본 도설은 시천교의 교주 해산 이용구(1868~1912)의 진영과 출생에 관한 기초적인 인적사항을 밝히고 있다. 수운과 해월의 경우에는 출생뿐만 아니라 죽음에 관한 도설을 별도로 갖추고 있지만 해산의 경우에는 그렇지 못하다. 경북 상주에서 태어난 이용구는 1890년경 동학에 입도한 이래, 손병희를 따르며 동학농민혁명에도 가담하였고, 1894년 공주전투에서 다리에 총상을 입은 뒤 가까스로 포위망을 뚫고 탈출하였지만, 1898년 1월 충주에서 붙잡혀 옥고를 치르기도 하였다. 해월 사후 송암 손천민이 붙잡혀 교수형을 당하고 이어 구암 김

■대례사大禮師: 하늘을 모시고 스승을 받드는 대례를 전적으로 맡는 시천교의 최고 직위. ■메이지천황明治天皇: 일본 고메이 천황의 둘째 아들로 122대 천황 (1867~1912).

연국도 무기형에 처해진 상황에서 의암 손병희와 함께 일본으로 건너가 교단의 미래를 준비하였다.

귀국한 이용구는 1904년 손병희의 지시로 진보회를 결성하였으나 곧 송병준과 합세하여 (통합) 일진회로 조직을 바꾼 뒤 친일 행보를 계속하다 천도교를 세운 손병희로부터 출교를 당한 후, 1906년 시천교를 창립하였다. 시천교의 최고직인 대례사를 역임하다 1907년 12월 천도교 대도주를 지내던 구암 김연국이 손병희와 결별하자 그를 시천교로 받아들여 대례사로 삼았다. 1907년 교조(수운, 해월)의 신원을 완결짓고, 1909년 경성본교당을 건립하였지만, 1911년 병세(결핵)가 악화되어 일본 고베 서쪽 스마(須磨)로 건너가 요양에 힘쓰다 1912년 5월 45세의 나이로 세상을 떠나고 말았다.

한편, 송병준이 지은 이용구의 묘지명에 따르면, 그의 유족은 권씨 부인으로부터 얻은 딸과 동족의 양자 이현규(李顯奎), 그리고 재취한 이후 이씨 부인으로부터 얻은 아들 이석규(李碩奎)가 있었다.* 이석규가 바로 아버지 이용구의 삶을 『李容九の生涯』(時事新書, 1960)라는 책으로 엮어낸 오히가시 쿠니오(大東國男)이다. 이용구가 남들에 비해 단출한 가족사를 구성하게 된 데에는 그럴 만한 불행한 이유가 있었

---

* 『시천교월보』 2권 6호(1912년 6월) 〈故宗禮師勳一等李容九氏喪禮順序〉라는 제하에 실린 「海山李容九墓誌銘」.

다. 동학농민군 참전 기간에는 말할 것도 없고 동학군 이후에도 가족을 제대로 돌보지 못한 채 쫓기는 신세가 되었고, 그 바람에 1896년 아내(권씨)와 아이를 동시에 잃는 불행을 겪어야 했기 때문이다. 그럼에도 불구하고 그는 종교(동학/시천교)와 정치(척왜/친일)에 몰입하며 짧은 인생을 열정과 격변으로 장식했던 특이한 인물이다.

본 도설의 이미지는 니시오 요타로(西尾陽太郎)가 저술한 『李容九小伝』(葦書房, 1978)에 실려 있는 이용구 초상과도 유사하다. 무라야마 지준(村山智順)이 조사를 주도해 발간한 『朝鮮の類似宗教』(조선총독부, 1935)에는 일제강점기 신종교의 주요 전각과 지도자들의 사진이 다수 수록되어 있는데, 거기에 실린 일진회장 이용구의 사진은 한복차림이다. 도설 타이틀 '해산대례사진상(海山大禮師眞像)'에 표현된 '대례사'는 본래 시천교 건립과 더불어 1년 남짓 동안에만 이용구의 직임으로 한정되었을 뿐이고, 1907년 12월 이후부터는 구암 김연국에게 양도된 호칭이다. 실제로 1912년부터는 '종례사(宗禮師)'라는 직위가 이용구를 가리키는 공식적인 명칭이었다. 1912년 5월 이용구가 사망한 이후 치러졌던 장례식에서도 '고(故) 종례사'라는 호칭이 공식적으로 사용되었다. 가령, 장례에 쓰인 몇몇 축문의 경우, 대례사 김연국이 고 종례사 봉암 이용구의 영전에 고하는 형식을 취하고 있었다.* 그러나

* 『시천교월보』 2권 6호(1912년 6월), 41-42쪽.

이용구 초상(西尾陽太郞, 『李容九小伝』, 葦書房, 1978)　이용구 초상(『조선의 유사종교』)

이용구-송병준의 도통을 따르며 김연국과 결별한 시천교본부에서는
이용구의 호칭으로 종례사가 아닌 대례사를 늘 사용하였다.* 따라서
본 도서에 표현된 대례사의 경우에는 김연국이 아닌 이용구를 지칭
하는 것으로 보아야 할 것이다.

『侍天教宗繹史』——

　海山大禮師, 即侍天教第二教祖海月大神師之高弟也. 濟世主

* 『至氣今至』 1권 2호(1913년 7월) 48쪽.

降生四十五年, 明治天皇明治元年[朝鮮前李朝太王五年, 西曆紀元

一千八百六十八年], 戊辰正月二十一日(陽曆二月十五日), 生于慶尙道尙州

郡洛東河面津頭里第.(第三編 第一章〈海山大禮師〉)

56

낙동강 잉어에 감응하다

洛江感鯉圖

해산 대례사의 어머니 김씨는 꿈에 낙동강에서 놀다가 한 자 크기의 잉어 한 마리를 얻었다. 그 잉어가 변하여 용이 되니 오색구름이 와서 몸을 감싸고 하늘로 올라갔다. 마침내 감응하여 공(公)을 낳았다.

海山大禮師母夫人金氏, 夢遊洛東江, 得一鯉, 其大盈尺. 變爲龍, 五色雲從以繞身而騰空. 遂感而生公.

해제 ──

이용구는 1868년 1월 21일(음력) 경상북도 상주군 낙동하면 진두리(현재 상주시 낙동면 낙동리)에서 태어났는데, 모친의 태몽은 이러한 낙동강과 나루가 어우러진 환경과 무관하지 않을 것이다. 물고기가 변하여 용이 되었다는, 소위 '어변성룡(魚變成龍)'의 모티프는 장차 태어날 아이의 신이한 잠재력을 강조하고 있다.

상주에서 태어난 이용구는 안성(8세), 직산(12세), 청안(19세) 등을 거쳐 충주(20세)에 정착하였다. 23세 즈음에 동학에 입도한 이래 동학농민혁명 2차 기포에 적극 가담하였다가 다리에 총탄 부상을 입고 충주에 은거하였다. 동학농민혁명 실패로 쫓기던 와중에 처자식을 함께 잃는 불행을 겪었으나 이후 황해도, 평안도, 함경도 지역의 포교 활동과 동학 조직화에 적극적으로 나섰다. 동학교도를 기반으로 진보회(후에 일진회로 통합)를 결성하여 각종 친일 활동을 벌이다가 결국에는 한일합병을 요청하는 데에 주도적인 역할을 담당하기에 이르렀

다. 아들의 상서로운 탄생을 예견하는 어변성룡의 태몽을 꾸었다는
모친은 1909년에 세상을 떠났으며, 태몽의 주인공인 이용구도 병세
에 시달리다 3년 뒤 일본 스마(須磨)에서 영원히 잠들었다.[*]

『侍天敎宗繹史』 ――

母慶州金氏, 商學之第二女也. 母夢遊洛東江, 得一鯉, 其大盈尺. 變
爲龍, 五色雲從以繞身而騰空. 遂感而生公. 自幼性頗穎慧, 聞見輒記,
人稱異童.(第三編 第一章 〈海山大禮師〉)

---

[*] 이용구의 생애에 대해서는 西尾陽太郞, 『李容九小伝』, 葦書房, 1978, 第1章(李
容九の生涯), 참조.

57

갑진년에 친교를 맺다
甲辰訂交圖

갑진년(1904) 8월, 대례사는 송병준에게 면회를 요청하기를 무릇 여덟 번을 하여서야 비로소 그와 만나게 되었다. 혁신에 대해 깊이 의논하여 서로의 속마음을 토로하여, 깊은 친교를 맺게 되었다.

甲辰八月, 師與宋秉畯, 要爲面會凡八次, 始爲接晤. 爛商鼎革之議, 吐露肝膽, 結爲刎頸之交.

해제 ——

〈갑진정교도〉는 이용구와 송병준(宋秉畯, 1858~1925)의 상면과 친교에 관한 소재를 다루고 있다. 이용구보다 10년 위인 송병준은 무과 출신으로서 군직과 관리직을 두루 거쳐 농상공부대신과 내부대신을 지내고 일제로부터 작위(백작)를 받은 대표적인 친일파 인물이다. 동학군으로 기포하며 전투에도 참여했던 이용구가 손병희와 더불어 일본 사회를 경험하고 국제정세에 대해서도 눈뜨게 되면서 점차 현실적으로 일본의 힘에 기대려는 경향이 강해졌다고 할 수 있다.

송병준이 지은 이용구의 묘지명에 따르면, 자신이(송병준) 일본으로부터 귀국하여 이용구와 결합을 논의할 때 그의 논리가 정밀하고 발언이 폐부로부터 나오는 심오함이 있어 결국 함께하기로 결심했다

■ 정교訂交: 사귀기로 함. ■ 난상爛商: 충분히 의논함. ■ 정혁鼎革: 혁신하다. ■ 토로吐露: 속마음을 죄다 드러내 말함. ■ 문경지교刎頸之交: 벗을 위해 목을 내줄 수 있을 정도의 사귐.

고 한다.˙ 그러나 실제로는 민회의 조직력이 필요했던 송병준의 숨은 의도와 일본의 힘에 의지하려던 이용구의 기대가 맞아떨어진 결과였다고 할 수 있다. 송병준과 친교를 맺은 이용구는 진보회를 일진회로 개편하고 친일 부역을 노골화하였다. 동학도들의 숙원사업이던 교조의 신원을 이끌어내는 데에도 송병준이 가진 정계의 힘을 이용하였다. 한편, 1912년 이용구가 일본에서 별세한 뒤 이듬해 구암 김연국이 시천교총부로 분립하자 송병준이 시천교본부의 대주교직을 맡아 교단을 이끌었다.

『侍天敎宗繹史』──

八月, 公與宋秉畯[今大主敎]始訂交. 先是宋秉畯, 夙抱經國之志, 久遊日本, 際此日露開伏, 與日本第十二師團兵站監陸軍少將大谷喜久藏, 同爲出來, 密相交際. 公送林震變·趙東元等, 要爲面會凡八次. 始爲接唔, 宋秉畯問其會唔之由, … 於是公欣然與宋秉畯, 盡露肝膽, 結刎頸之交.(第三編 第六章〈一進創會〉)

* 『시천교월보』 2권 6호(1912년 6월)〈故宗禮師勳一等李容九氏喪禮順序〉,「海山李容九墓誌銘」.

58

일진회를 열다
一進開會圖

대례사와 송병준은 일진회를 창립하였다. 경향의 회원으로 하여금 일제히 머리카락을 자르게 하고, 개회를 기약하여 개화의 방침을 궁구하였다.

師與宋秉畯叛立一進會, 使京鄕會員, 一齊斷髮, 約期開會, 講究開進之方針.

해제 ──

1904년 8월 이용구와 송병준이 맹약의 증표로 동학교도들의 단발을 실행하고는 친일 활동을 펼칠 조직을 갖추어 나갔다. 이용구는 1904년 2월 진보회(進步會)를 조직하여 동학 조직을 이끌어 오고 있었고, 송병준도 1904년 8월 윤시병 등이 발기한 유신회(維新會)를 일진회(一進會)로 고쳐 조직을 정비해 나가는 상황이었다. 일본이 경의선 철도를 부설하자 이용구는 황해도와 평안도의 교도들을 부추겨 부역에 자진 동참하게 하였지만, 당시의 민심과는 크게 동떨어진 행보였다. 결국 1904년 12월 송병준은 전국망을 갖춘 이용구의 진보회 조직을 일진회로 흡수 통합하여 강령을 만들고 시국에 관한 연설을 주도해 가면서 일제의 침략을 옹호하는 데 힘썼다.

이용구는 통합일진회 회장으로서 누구보다 일본에 협조하며 한일

■ 경향京鄕: 서울과 지방. 곧 온 나라. ■ 개진開進: 개화하여 진보함.

합방을 성사시키는 데에 앞장서다 보니 민족 진영으로부터 거센 성토와 비난의 대상이 될 수밖에 없었다. 일진회와 함께 그것을 감내하며 한일합방까지 도달했지만, 이제 일제로부터 용도 폐기되어야 하는 얄궂은 운명을 맞이해야 했다. 자신의 활동 기반이자 분신과도 같았던 일진회가 일제에 이용만 당하다 기어이 합방과 더불어 곧바로 해체의 수순에 들어가는 역사의 배반을 톡톡히 맛보았던 것이다. 일진회가 역사의 뒤안길로 사라지자 동학으로부터 시작된 그의 삶의 의지도 꺾일 수밖에 없었고, 당시로선 치명적인 결핵까지 덮치면서 더 이상 역사에 나서지 못한 채 쓰러지고 말았다.

『侍天敎宗繹史』———

時獨立協會餘黨尹始炳等, 發起維新會. 亦紹介于宋秉畯. 使尹始炳等, 改會名爲一進會. 凡敎徒避來京者, 援入一進會, 於是公改名爲容九. 馳書于各地方, 組織進步會, 京鄕會員一齊斷髮. 自是東學排日之疑, 澳然氷釋. 時政府主親露之義, 指民會爲附日黨, 嫉視東學之復起. 令軍警兩廳捕縛一進會員, 嚴飭地方鎭衛隊, 剿討進步會員, 以致京鄕官民大衝突之境矣.(第三編 第六章〈一進創會〉)

59

북진부대에 군량을 옮기다
北隊轉輸圖

을사년(1905) 일본군이 바야흐로 북진하였다. 함경북도 일대를 러시아군이 점령하고 있어 군량을 옮기는 일이 심히 곤란하였다. 대례사는 일진회원을 이끌고 경성군으로 가서 일본장관을 만나 수송할 방침을 상의하였다. 그리하여 교두(敎頭)에게 명을 내려 매일 교도 삼천 명에게 군량을 옮기도록 하고, 또 경편 철도의 노역을 맡게 하였다.

乙巳日兵之方北進也. 咸北一帶爲露兵所占領, 轉輸飛輓, 勢甚困難. 師領一進會員, 至鏡城郡, 與日本將官, 面商轉輸之方針. 知委敎頭, 每日發敎徒三千人, 轉輸軍糧, 又前赴輕便鐵道之役.

해제 ———

한반도와 만주 일대의 패권을 놓고 벌인 러일전쟁(1904~1905) 중에 러시아군이 함경도 일대를 점령하고 있는 관계로 일본군이 북쪽으로 군수물자를 수송하는 일이 만만치 않은 상황이었다. 이때 일진회를 맡고 있던 이용구는 함경북도 경성군으로 가서 일본군 사단장과 참모장을 직접 만나 군량 수송에 관한 방책을 논의하였다. 실제로 1905년 6월부터 10월까지 일진회에 속한 교도들 수천 명을 군량 수송에 동원하고 철도 건설의 부역을 맡게 하였다.

■ 전수轉輸: 수송된 물건을 옮김. ■ 비만飛輓: 군량을 운송함. ■ 지위知委: 명령을 내려 알려줌. ■ 경편철도輕便鐵道: 소형의 기관차 등이 운행되는 궤도가 좁은 철도.

『侍天敎宗繹史』——

　　歲乙巳, 北韓一帶爲露兵所占領. 日兵北進隊之飛輓轉輸, 勢甚困

難. 公自領一進會員三十人, 親到鏡城郡. 與日本三好師團長, 大庭參

謀長, 倉田參謀官, 面商轉輸之方針. 於是知委咸鏡南北道敎頭等, 每

日發敎徒三千人, 轉輸軍糧, 一邊前赴輕便鐵道之役.(第三編 第七章 〈北

隊轉輸〉)

60

농업회사
農業會社圖

을사년(1905) 대례사는 송병준과 함께 상의하여, 농업회사를 설립하고, 실업의 발달을 도모하였다.

乙巳, 與宋秉畯商議, 設立農業會社, 以圖實業之發達.

해제 ——

이용구와 송병준이 손을 잡고 벌였던 사업 중의 하나가 농업회사의 운영이었다. 〈농업회사도〉에는 '농업회사'라는 현판이 걸린 건물이 그려져 있다.

『**侍天敎宗繹史**』——

是歲公設立農業會社, 以圖實業之發達.(第三編 第七章 〈北隊轉輪〉)

61

광무학교
光武學校圖

을사년(1905) 대례사는 송병준과 함께 상의하여 광무학교를 경성에 창립하였고, 각 지방 지회 구역 내에 학교를 분설하여 총명한 인재의 교육을 장려하였다.

乙巳, 與宋秉畯商議, 刱立光武學校于京城, 於各地方支會區域內, 分設學校, 以獎聰俊之敎育.

해제 ──

이용구와 송병준은 서울에 광무학교(光武學校)를 세우고, 각 지방에도 학교를 분설하여 인재를 키우는 교육사업을 벌였다. 〈광무학교도〉에는 '사립광무학교'라는 현판이 걸린 건물이 그려져 있다.

『侍天敎宗繹史』──

創立光武學校于京師, 於各地方支會區域內, 分設學校以獎聰俊之敎育.(第三編 第七章 〈北隊轉輪〉)

62

교단이 둘로 갈라지다
兩敎分門圖

병오년(1906) 2월, 손병희는 교의 이름을 천도교로 명하였다. 그후 대례사와 취지가 맞지 않아 마침내 교가 나뉘게 되었고, 그 이름을 명하여 시천교라 했으니 이때는 제세주 강생 83년(1906) 12월 13일이었다.

丙午二月, 孫秉熙命教名爲天道教. 厥後師以趣旨不合, 遂分立教旗, 命名曰侍天教, 卽濟世主降生八十三年十二月十三日也.

해제 ──

일본에 있던 의암 손병희는 1905년 12월 1일자 제국신문에 동학을 '천도교'로 개신한다는 광고를 실었다. 그리고 1906년 1월 귀국하여 천도교(천도교중앙총부)를 세우고는 김연국과 박인호로 하여금 이용구 일파의 출교를 매듭짓게 하였다. 결국 천도교로부터 배척받은 이용구는 송병준, 박형채 등과 함께 시천교(시천교본부)를 세우고 교단을 별도로 이끌어 나갔다. 이로써 수운과 해월의 전통을 따르던 동학의 한 후예들이 교단 종교로서 분립된 것이다.

한편, 손병희와 함께 천도교를 세웠던 김연국은 서로 반목하다가 1907년 천도교를 탈퇴하고 자신이 출교시킨 바 있는 이용구의 시천교로 입교하여 최고위직인 대례사직을 수행하였다. 그 뒤 이용구 사후 김연국은 다시 송병준, 박형채 중심의 시천교본부(견지동)로부터 이탈하여 자신이 주도하는 시천교총부(가회동)를 세우기에 이른다.

그러다가 가회동에서 계룡산 신도안으로 옮겨 종교촌을 형성한 김연국은 1925년 시천교총부를 상제교로 개칭하고 대법사가 되었다.

〈양교분문도〉에는 시천교당의 이미지를 싣고 있는데, 한옥식의 건물에 서양식의 정문과 담장으로 꾸며져 있다. 정문 기둥에는 시천교당(侍天敎堂)이라는 당호가 씌어 있고 시천교를 상징하는 문양이 출입문 정면 하단에 장식되어 있다. 이는 1909년 완공된 서양식 건물의 경성교당과는 상당한 차이가 있다. 아울러, 대사동의 경성교당이 완공되기 이전에 사용했던 미동의 임시교당의 모습이 다음 도설인 〈양사신원기념예식도〉에 표현되어 있는데, 그것과도 차이가 있어 보인다.

『侍天敎宗繹史』──

歲丙午二月, 義菴孫秉熙還自日本, 始稱敎名爲天道敎. 時孫秉熙爲大道主, 金演局爲玄機司長. 厥後公以趣旨不合, 別立門戶, 命名曰侍天敎. 卽濟世主降生八十三年十二月十三日也.(第三編 第八章 〈兩敎分門〉)

63

두 스승의 신원을 기념하는 예식
兩師伸冤紀念禮式圖

정미년(1907) 대례사가 제세주와 대신사 두 스승의 신원을 법부에 청하였다. 내각의 의논을 거쳐 임금께 아뢰어 특별히 죄명을 씻게 되니 곧 7월 11일이었다. 교도들은 일제히 남부 미동의 임시교당에 모여 고유치성식을 행하였다.

丁未, 師以先師冤案伸雪事, 呈願于法部. 經議于內閣, 上奏, 特蒙蕩滌, 卽七月十一日也. 敎徒齊會于南部美洞臨時敎堂, 行告由致誠式.

해제 ——

1906년 시천교를 세운 이용구는 교조 수운을 제세주(濟世主)로 추숭하였고, 1907년 동학도들의 숙원이던 교조의 신원을 법부에 신청하여 재가를 얻어냈다. 이필제의 난과 갑오년 동학운동의 직접적인 발단이 되었던 교조의 신원이 친일 경향의 시천교에 의해 해결된 것이다. 그간 친일 정책을 적극적으로 옹호했던 시천교 세력의 행적과 당시 농상대신으로 내각에 참여했던 송병준의 역할이 컸을 것이라 짐작된다.

당시 미동에 있던 임시 시천교당에서 수운과 해월의 신원을 아뢰는 고유치성식을 거행했다고 하는데, 〈양사신원기념예식도〉에 실린

■ 탕척蕩滌: 죄명을 씻음. ■ 고유告由: 중대한 일을 치른 뒤 그 까닭을 신명 등에게 고함.

교당의 이미지로 보자면 서양식 본관과 한옥식 외곽 건물이 공존하는 형태라 할 수 있다.

『侍天敎宗繹史』

先是公以國事犯宥還, 及年久冤案伸雪事, 屢回函質于政府, 多蒙裁準. 至是又使敎長代理朴衡采, 呈願于法部. 時法部大臣趙重應, 提案經議于內閣, 宋秉畯[今大主敎]以農商大臣亦與焉. 屢次上奏特蒙蕩滌年久冤案之聖旨. 及至七月十一日, 快伸兩先師之冤案. 同十七日揭于官報. 自法部齎送官報三百枚于南部美洞臨時敎堂. 是日敎徒齊會, 行兩先師冤案蕩滌告由致誠式.(第三編 第九章〈兩師伸冤〉)

64

서보장을 공경히 받다
瑞寶章祗受圖

메이지천황 폐하가, 대례사가 북진군의 군량을 수송할 때에 특수한 공훈이 있어, 훈3등 서보장을 하사하였다. 또 훈1등 서보장을 받았다.

明治天皇階下, 以師於北進軍轉輸時, 有特殊之勳勞, 下賜勳三等瑞寶章. 又受勳一等瑞寶章.

해제 ──

1905년 러일전쟁 기간 중에 일진회를 동원해 북진대의 군수물자 수송을 원조하는 데에 앞장섰던 이용구의 공훈을 인정한 일본 메이지 천황이 1907년 이용구에게 훈3등서보장을 하사하였다. 그리고 와병으로 일본에 건너가 요양중이던 이용구는 1912년 4월 또다시 메이지 천황으로부터 훈1등서보장을 받았다. 그가 1912년 5월 일본 스마(須磨)에서 사망한 뒤 치러진 현지의 장례 의식에서 사용된 명정(銘旌)에는 '故勳一等李容九之柩'(고훈일등이용구지구)라 씌어 있었다고 하는데,* 생전에 받았던 최고의 일등훈장이 한 달 뒤 망자를 대변하는 표식이 된 셈이다.

* 일본 스마로부터 서울 대사동 본교당까지의 운구와 장례 절차에 관해서는 『시천교월보』 2권 6호(1912년 6월) 「故宗禮師勳一等李容九氏喪禮順序」라는 글에 실려 있다.

『侍天教宗繹史』——

同月二十二日, 祗受勳一等瑞寶章. 其夜有遺書一度, 凡身後事一委

於宋秉畯.

【… 壬子四月, 授賜勳一等瑞寶章】(第三編 第十一章 〈敎堂建築〉)

65

제세주의 발상지, 가정리
柯停發祥圖

가정리는 우리 제세주가 태어난 땅이나, 지금은 이미 폐허이다. 풀만 무성하며, 밭 갈고 가축 기르는 땅이 되었다. 거주하는 사람들은 서로 이 땅을 사고 또 되샀다. 신해년(1911) 여름 대례사가 박형채에게 명하여 옛터에 나아가 되사는 것을 시작하게 하였다. 경계를 조사하고, 석물을 세워 그에 기록하였다.

柯亭我濟世主發祥之地. 今已邱墟. 鞠爲茂草, 爲耕牧之地. 居人互相轉買. 辛亥夏大禮師命朴衡采*前徃遺址, 始購還, 勘界立石而誌之.

해제 ──

본서의 〈교곡구룡도〉(그림24)와 〈성묘양의도〉(그림25)가 수운의 묘역을 다룬 내용이라면 〈가정발상도〉와 다음의 〈용담유허도〉는 버려졌던 수운의 탄생지와 수도 터를 확보하는 내용이다. 〈가정발상도〉는 농토와 사육지로 변한 수운의 생가터를 구입하고 유허지를 고시하는 석물을 세웠다는 내용을 담고 있다. 당시 동학의 주류 교단이었던 천도교에 한발 앞서 시천교단이 교조의 탄생 유허지와 묘지를 단장하는 데 앞장섰던 것이다. 1911년 당시 시천교의 대례사는 구암 김연국이었으며, 이용구는 죽음을 앞두고 종례사(宗禮師)라는 공식 직

■발상發祥: 제왕이나 조상이 태어남. 상서로움이 나타남. ■구허邱墟: 폐허(廢墟). ■전매轉買: 다른 이가 산 것을 다시 삼. ■유지遺址: 옛터.
＊ 采: 저본에는 '来'으로 되어 있으나, '采'로 바로잡았다.

함을 얻었던 것으로 확인된다. 김낙철(金洛喆)의 기록에 따르면, 1912년 1월 8일 대례사인 구암이 이용구를 종례사로 선임했다고 하며,* 이용구의 상장례 축문에서 고인을 호명할 때 "故宗禮師鳳菴李容九之靈"(고종례사봉암이용구지령)이라 했다는 점에서 이용구는 말년에 종례사로 통했던 것으로 보인다. 그러나 김연국의 시천교총부와 결별한 시천교본부에서는 이용구를 대례사로 호칭하며 김연국의 흔적을 지워나갔고, 각종 축문에서도 '고해산대례사'를 공식적으로 사용하였다. 본서의 55도로부터 69도에 이르는 내용이 해산 이용구의 행적을 다루고 있다는 점에서 대례사는 김연국이 아닌 이용구를 지칭하는 것으로 보아야 할 것이다.

---

* 『金洛喆歷史』(『동학농민혁명사료총서』 7권, 351쪽). "李容九은 宗禮師로 選任ㅎ다"

66

용담의 옛터
龍潭遺墟圖

용담은 경주의 서북에 있으니 곧 제세주가 도를 받은 곳이다. 옛 적에는 정사가 있었으나 지금 이미 폐허가 되었다. 신해년(1911) 5월, 대례사가 박형채에게 명하여 용담옛터에 가서 돌에 간략히 '용담정' 세 글자를 새기도록 하였으니, 곧 경주 사람 이정구의 필체다. 정사 뒤에 웅덩이가 있으며, 앞에는 폭포에 임해 있어 섬돌을 따라 빙빙 물 이 돌아간다. 석벽이 정사 뒤를 두르고 있으니 높이가 수 장여이고, 너비 역시 그와 같다. 갑인년(1914) 9월, 정사를 다시 세웠다.

龍潭在慶州之西北, 即濟世主受道處. 舊有亭舍, 今已墟矣. 辛亥五 月, 大禮師命朴衡釆,* 前往遺址, 鑱石草刻'龍潭亭'三字, 即郡人李正九 筆也. 亭後有龍湫, 前臨瀑布, 循砌縈迴. 石壁環繞亭後, 高數丈餘, 廣 亦如之. 甲寅九月, 重建亭舍.

해제 ——

앞의 〈가정발상도〉가 수운의 생가 유허지에 대한 것이었다면 〈용 담유허도〉는 수운이 종교적 각성을 이루었던 수도 터를 확보하고 건 물을 복원하는 내용을 다루고 있다. 용담정은 본래 구미산 자락에 자 리 잡았다가 폐지된 원적암(圓寂庵)이라는 불교 암자를 수운의 조부

■ 유허遺墟: 오랜 세월 쓸쓸히 남아 있는 옛터. ■ 용추龍湫: 폭포 밑의 웅덩이. 용 소(龍沼). ■ 영형縈迴: 빙빙 휩싸여 돌아감.
* 釆: 저본에는 '釆'으로 되어 있으나, '釆'로 바로잡았다.

가 매입하여 자제인 최옥으로 하여금 공부하게 한 데에서 비롯되었다. 애초에 와룡암이라는 이름으로 출발하였으나 세월이 흐른 뒤 그 자리에 다시 5칸 건물을 짓고 용담서사(龍潭書社)라 명하였다고 한다. 경주를 떠나 울산에 기거하다 다시 고향 경주로 돌아온 수운의 가족이 머문 곳이 바로 용담이었다. 여기에서 수운은 독서와 수도에 전념하다 도를 이루고 포덕에 힘썼지만 끝내 피체되어 순도의 길을 걷게 되었다. 수운 사후 용담은 장기간 찾는 이 없이 버려진 채로 폐허가 되었다.

본서에서 언급한 대로 오래도록 버려졌던 용담의 유허지를 처음 수습하고자 한 것은 시천교였다. 시천교에서는 1911년 용담정 유허지를 확보하고 1914년 용담정을 중건하였다. 당시 황해도의 오응선과 이계하가 용담정 중건에 적극 나섰던 것으로 보인다. 1927년 용담 성지 현지를 둘러보고 수운의 양녀 주씨 노인과도 인터뷰한 김기전은 임술년(1922)에 시천교에서 건축한 3칸짜리 기와건물도 기울고 있는 중이라며 폐허의 분위기를 증언한 바 있다.* 그가 임술년이라고 한 것이 연대 착오인지는 알 수 없으나 본서에서 언급한 1914년에 중건했다는 설과는 일치하지 않는다. 일제강점기를 거치며 더욱 폐허가 된 용담정을 다시 수습한 것은 천도교였다. 1960년 천도교 부인회 주

---

* 『신인간』 15호(1927년 8월),「경주성지배관실기」.

도로 성금을 모아 용담정을 중창하고 낙성식을 거행한 것이다. 이어 1971년에 용담정의 관리권이 천도교총부로 이전되면서 구미산 일대의 성역화 사업이 본격 추진되었고 1975년 10월에 용담정 및 용산수도원의 낙성식을 보게 되었다.*

〈용담유허도〉의 도상은 전체적으로 용담정이 자리 잡고 있던 구미산 자락의 산곡을 담고 있다. 화면 정중앙에 이정구가 썼다는 '龍潭亭'이 새겨진 석벽이 표현되어 있다. 그런데 이정구의 필체로 유허지 석면에 용담정 세 글자를 새겼다는 본서의 기록은 천도교나 시천교총부의 문헌에서 확인되지 않으며, 심지어 동일교단에서 발간한 『시천교종역사』에서조차도 보이지 않고 있다.

* 천도교중앙총부, 『용담정낙성』 1975.

67

경성교당

京城教堂圖

정미년(1907) 조선 경성부 견평방 대사동에 처음 세우기 시작하여 3년이 지나 기유년(1909) 봄에 교당 전부의 완성을 알렸다. 토지면적은 900평, 교당의 주위는 112평, 겉모양은 2층이고 안에서 용이하게 1층 앞에 바로 통한다. 부속된 종각은 높이가 무릇 4층이다.

丁未, 始建于朝鮮京城府堅坪坊大寺洞, 粤三年己酉春, 乃告成堂之全部. 地積九百坪, 堂周圍百十二坪, 表面二層, 內容直通一層前, 附鐘閣, 高凡四層.

해제 ——

경성본교당을 완공하기 전까지는 미동의 임시교당을 사용하였으나 착공 3년 만에 4층 규모의 서양식 경성교당을 완성하였다. 당시 교당 상층 전면에 무극종을 걸었다고 한다. 다만, 『시천교종역사』는 1908년 6월 15일에 경성본교당을 준공하였다고 하여 경성교당도의 도설 내용(1909년)과 연대 차이가 있다.

본 도설의 이미지는 건물의 외곽과 창, 그리고 무극종과 종탑 등을 전체적으로 보여주기 위해 전방 측면에서 잡은 구도라 할 수 있다. 시천교에서 발행한 잡지 『룡천검』 매호마다 겉표지 중앙에 시천교당의 이미지를 싣고 있는데, 본 도설의 이미지와는 달리 정면에서 바라

■고성告成: 일 등이 이루어짐을 알림. ■지적地積: 토지의 면적.

시천교당(시천교 잡지 『룡천검』의 표지)

본 교당의 모습이다.

『侍天敎宗繹史』──

是年六月, 公與宋秉畯始營建京城本敎堂于大寺洞. 十五日興役, 凡
三個年而告竣. 又集敎人誠心義捐之片銅寸鐵, 鑄无極鍾, 懸於敎堂前
面上層.(第三編 第十一章 〈敎堂建築〉)

68

대원교당

大源教堂圖

경술년(1910) 교당을 경주군 남전 봉황대 옆에 세우기 시작하였다. 교당은 모두 2층이고, 위층은 3칸, 아래층은 15칸이다. 칸살의 법도는 조선의 옛 제도를 사용하였다. 대원교당이라 편액을 달았다.

庚戌, 始建教堂于慶州郡南前鳳凰臺側. 堂凡二層, 上三間, 下十五間, 矩模間架用朝鮮舊制. 顏之以大源教堂.

해제 ──

이용구는 박형채로 하여금 경주에 교당을 짓도록 명하였는데, 1910년 10월 28일 수운탄신일에 맞춰 건축의 준공을 본 것이다. 교당은 2층 규모로 한옥식의 건축이었고, 건물의 명칭은 대원교당이었다. 시천교 경주 대원교당의 실물 사진은 『朝鮮の類似宗教』(조선총독부, 1935)에 부록으로 실려 있는데, 본서의 도상 이미지와 대동소이하다.

『侍天教宗繹史』──

歲庚戌八月二十九日, 日韓併合後一進會遂解散. 是年十月二十八日, 慶州大源教堂告成. 前是公使朴衡采往相其役, 至是始乃竣工也.(第三編 第十一章〈教堂建築〉)

■봉황대鳳凰臺: 경주의 고분(古墳). ■간가間架: 칸살. 일정 간격으로 어떤 건물, 물건을 갈라 나누는 살.

경주 대원교당(『조선의 유사종교』에 수록)

69

쌍무지개의 상서가 나타나다

雙虹呈瑞圖

경술년(1910) 10월 28일, 대원교당의 낙성식을 행했다. 이날 오전 8
시에서 오후 2시경까지 쌍무지개가 교당의 동서 모퉁이에 가로로 걸
쳐 있어 완연히 물형(物形)을 이루었다. 연회가 마치자 사라지기 시작
하였다.

庚戌十月二十八日, 行大源敎堂之落成. 是日上午八時至下午二時
頃, 雙虹橫亘堂之東西隅, 宛成物形, 讌畢始消.

해제 ──

〈쌍홍정서도〉는 1910년 10월 28일 낙성식을 거행한 경주의 대원교
당에 쌍무지개가 동서로 걸치는 상서의 기운이 나타났음을 묘사하고
있다. 2층 건물의 외형은 앞의 〈대원교당도〉와 같으나 교당의 정문에
일장기와 교단기의 깃대가 교차되어 있는 게 특징이다.

■ 정서呈瑞: 상서가 나타남.

70

제암 대주교의 진영
濟庵大主教眞像

대주교의 성은 송씨이고, 이름은 병준이다. 자는 공필이고 호는 제암, 또 다른 호는 연사이다. 은진 사람이다. 고메이천황 안세이 5년[전 조선개국 467년], 무오년(1858) 9월 20일, 조선 한성부(지금은 경성부로 바뀌었다)에서 태어났다.

主教姓宋氏, 名秉畯, 字公弼, 號濟菴, 一號蓮史, 恩津人. 孝明天皇 安政五年[前李朝開國四百六十七年], 戊午九月二十日, 生朝鮮前漢城府 [今改爲京城府].

해제 ──

〈제암대주교진상〉은 『시천교조유적도지』의 마지막 도설이다. 이용구 사후 시천교본부의 대주교직을 맡은 제암 송병준의 사진을 도상으로 사용하고 있다. 송병준(宋秉畯, 1858~1925)은 무과 출신으로 급제하여 군관과 지방관을 두루 거치며 내각에까지 오르고, 일제로부터 백작의 작위를 받은 대표적인 친일파 인물이다. 1904년에는 이용구와 합세하여 일진회를 전국적으로 확대하여 일본 침략을 옹호하였고, 1906년 이용구가 세운 시천교에도 가담한 이래 1911년 12월에 시천교 종리사(宗理師)가 되었고, 1913년에는 시천교 대주교로 추대되었다.

■ 안세이安政: 일본 연호. 1854~1859.

동학네오클래식 04

시천교조유적도지

등록 1994.7.1 제1-1071
1쇄 발행 2020년 12월 31일

역 주 최종성 박병훈
펴낸이 박길수
편집장 소경희
편 집 조영준
관 리 위현정
디자인 이주향
펴낸곳 도서출판 모시는사람들
       03147 서울시 종로구 삼일대로 457 (경운동 수운회관) 1207호
전 화 02-735-7173, 02-737-7173 / 팩스 02-730-7173

인 쇄 천일문화사(031-955-8100)
배 본 문화유통북스(031-937-6100)
홈페이지   http://www.mosinsaram.com/

값은 뒤표지에 있습니다.
ISBN 979-11-6629-019-0   04250
세 트 978-89-97472-22-2   04250

이 도서의 국립중앙도서관 출판예정도서목록(CIP)은 서지정보유통지원시스
템 홈페이지(http://seoji.nl.go.kr)와 국가자료공동목록시스템(http://www.
nl.go.kr/kolisnet)에서 이용하실 수 있습니다.(CIP제어번호:CIP2020055467)

본 자료는 서울대학교 규장각한국학연구원이 기탁받아 관리하고 있는 한
국은행 자료를 저본으로 발간되었으며, 본문에 포함된 원문 이미지는 서울
대학교 규장각한국학연구원 홈페이지에서 무료로 이용하실 수 있습니다.